Das Reichsgesetz

betreffend die

Gewerbegerichte

vom 29. Juli 1890.

Textausgabe mit Erläuterungen, einer Zusammenstellung aller Verfahrensvorschriften und einem Ortsstatuts-Entwurf

von

C. Pfafferoth.
Kanzleirath im Reichs-Justizamt.

Berlin 1890.
J. J. Heines Verlag.

Vorwort.

Das vorliegende Buch will ein Hülfsmittel zur leichteren Einführung und Handhabung des nach langjährigen Verhandlungen nunmehr zu Stande gekommenen Gesetzes bieten.

Zu diesem Zwecke begleitet es den Gesetzestext mit kurzen, erläuternden Bemerkungen, welche unter Berücksichtigung aller einschlägigen Gesetzgebungs-Materialien Sinn und Zusammenhang der Vorschriften klarstellen sollen.

Ein beigefügter Statuten-Entwurf dürfte mit Nutzen von den Gemeindevorständen und anderen Behörden als sachgemäße Grundlage für die Aufstellung eines Orts-Statuts verwendet werden können.

Wenn auch die durch das Gesetz über die Gewerbegerichte erlassenen Vorschriften über das Verfahren vor denselben an sich bei einfach verlaufenden Streitsachen, wie die Motive annehmen, für die Handhabung des Verfahrens meist ausreichen werden, so wird doch unzweifelhaft in sehr häufigen Fällen ein Zurückgehen auf die für anwendbar erklärten Vorschriften der Civilprozeß-Ordnung über das Verfahren vor den Amtsgerichten unvermeidlich sein und es erschien aus diesem Grunde angezeigt, dem Gesetz eine übersichtlich geordnete Zusammenstellung aller in Betracht kommenden Verfahrensvorschriften anzuschließen.

Ein alphabetisches Sachregister sucht die Brauchbarkeit des Buches zu erhöhen, welches nicht nur den Gemeindebehörden und anderen Verwaltungsbehörden, sondern auch allen denen, die als Vorsitzende oder Beisitzer der Gewerbegerichte oder als Parteien am gewerbegerichtlichen Verfahren betheiligt werden können als praktisches Handbuch willkommen sein dürfte.

Berlin, August 1890.

C. Pfafferoth.

Inhaltsangabe.

Wir **Wilhelm**, von Gottes Gnaden Deutscher Kaiser, König von Preußen ꝛc.

verordnen im Namen des Reichs, nach erfolgter Zustimmung des Bundesraths und des Reichstags, was folgt:

Erster Abschnitt.

Errichtung und Zusammensetzung der Gewerbegerichte.

§ 1.

Für die Entscheidung von gewerblichen Streitigkeiten zwischen Arbeitern einerseits und ihren Arbeitgebern andererseits, sowie zwischen Arbeitern desselben Arbeitgebers können Gewerbegerichte errichtet werden.

Die Errichtung erfolgt für den Bezirk einer Gemeinde durch Ortsstatut nach Maßgabe des § 142 der Gewerbeordnung. Die Entscheidung der höheren Verwaltungsbehörde über die Genehmigung des Statuts ist binnen sechs Monaten zu ertheilen. Die Entscheidung, durch welche die Genehmigung versagt wird, muß mit Gründen versehen sein.

Mehrere Gemeinden können sich durch übereinstimmende Ortsstatuten zur Errichtung eines gemeinsamen Gewerbegerichts für ihre Bezirke vereinigen. Für die Genehmigung der übereinstimmenden Ortsstatute ist die höhere Verwaltungsbehörde zuständig, in deren Bezirk das Gewerbegericht seinen Sitz haben soll.

Ingleichen kann ein Gewerbegericht für den Bezirk eines weiteren Kommunalverbandes errichtet werden. Die Errichtung erfolgt in diesem Falle nach Maßgabe der Vorschriften, nach welchen Angelegenheiten des Verbandes statutarisch geregelt werden. Die Zuständigkeit eines solchen

Gerichtes ist ausgeschlossen, soweit die Zuständigkeit eines für eine oder mehrere Gemeinden des Bezirks bestehenden oder später errichteten Gewerbegerichts begründet ist.

Die Errichtung kann auf Antrag betheiligter Arbeitgeber oder Arbeiter durch Anordnung der Landes-Zentralbehörde erfolgen, wenn ungeachtet einer von ihr an die betheiligten Gemeinden oder den weiteren Kommunalverband ergangenen Aufforderung innerhalb der gesetzten Frist die Errichtung auf dem in Absatz 2 bis 4 vorgesehenen Wege nicht erfolgt ist. Alle Bestimmungen, welche dieses Gesetz dem Statute vorbehält, erfolgen in diesem Falle durch die Anordnung der Landes-Zentralbehörde.

Vor der Errichtung sind sowohl Arbeitgeber als Arbeiter der hauptsächlichen Gewerbezweige und Fabrikbetriebe in entsprechender Anzahl zu hören.

Anm. Die Gewerbegerichte sind Staatsgerichte, welche im Namen des Landesherrn Recht sprechen (Sten. Ber. S. 423). Ihre Einführung ist nur fakultativ nicht obligatorisch angeordnet; für gewisse Fälle ist aber durch Abs. 5 die Aushülfe amtlichen Zwangs gegeben.

Ueber ihre Zuständigkeit §§ 3—7, Unterhaltung § 8, Zusammensetzung §§ 9—17. Ueber die bestehen bleibenden Schiedsgerichte §§ 78—81; für Bergbau § 77.

Abs. 1. Ausnahme § 76. Ueber „Arbeiter" § 2, Arbeitgeber § 14.

Abs. 2. Ortsstatuten werden gemäß § 142 Gew.-O. nach Anhörung betheiligter Gewerbetreibender auf Grund eines Gemeindebeschlusses abgefaßt und bedürfen der Genehmigung der höheren Verwaltungsbehörde. In Preußen ist dazu nach § 122 des Zuständigkeitsgesetzes der Bezirksausschuß zuständig.

Die Genehmigung kann auch dann versagt werden, wenn unzweckmäßige Vorschriften im Statut enthalten sind, oder wenn die abermalige Durcharbeitung und formale Verbesserung desselben nothwendig erscheint.

Gegen die Versagung der Genehmigung ist die Beschwerde (in Preußen an den Provinzialrath) zulässig.

Ueber den Inhalt des Statuts vergl. §§ 4, 6—9, 11—18, 22, 23, 57, 63, 83. Ein Schema zu einem Ortsstatut ist im Anhang III beigefügt.

Abs. 3, 4. Vergl. Krankenversicherungsgesetz §§ 16, 43.

Abs. 4. Vergl. § 83. Die bestehenden, kleineren Gewerbegerichte bleiben also unangetastet; ebenso können, wenn ein Gewerbegericht für einen weiteren Kommunalverband bereits besteht, demnächst doch Gewerbegerichte für einzelne Gemeinden oder einzelne Gewerbszweige errichtet werden (Kom.-Ber. S. 3). Für Preußen s. Prov.-O. §§ 8, 35, Kreis-O. §§ 20, 116, 119, Städte-O. von 1853 § 11 Wegen der Gewerbegerichte für den Bergbau vergl. § 77.

Abs. 5. Die Anordnung ist unanfechtbar. Die Errichtung kann für eine oder mehrere Gemeinden oder für einen weiteren Kommunalverband erfolgen, § 6. Wegen des Bergbaus vergl. § 77 Abs. 1.

Abs. 6. Ueber welche Punkte im Einzelnen die betheiligten Arbeitgeber und Arbeiter zu hören sind, ist den Ortsbehörden überlassen.

§ 2.

Als Arbeiter im Sinne dieses Gesetzes gelten diejenigen Gesellen, Gehülfen, Fabrikarbeiter und Lehrlinge, auf welche der siebente Titel der Gewerbeordnung Anwendung findet.

Ingleichen gelten als Arbeiter im Sinne dieses Gesetzes Betriebsbeamte, Werkmeister und mit höheren technischen Dienstleistungen betraute Angestellte, deren Jahresarbeitsverdienst an Lohn oder Gehalt zweitausend Mark nicht übersteigt.

Anm. Die nähere Bestimmung des Begriffs „Arbeitgeber" ist dem Ortsstatut vorbehalten, § 14; über Hausgewerbetreibende, Heimarbeiter vgl. noch § 4.

Abs. 1. Unter „Arbeiter" im Gegensatz zu selbständigen Gewerbetreibenden (§ 14) sind hier alle Arbeiter und Arbeiterinnen zu verstehen, welche in den der Gewerbeordnung unterworfenen Betrieben thätig sind. Zu diesen gehören nicht der Ackerbau, die Viehzucht, Fischerei, Gärtnerei, Landwirthschaft u. a.; ausgenommen sind ferner nach § 76 die Gehülfen und Lehrlinge in Apotheken und Handelsgeschäften, sowie Arbeiter in Betriebsanlagen der Militär- und Marineverwaltung. Vorausgesetzt wird, daß die Arbeiter sich in einem Vertragsverhältniß zum Arbeitgeber befinden und ihre Dienste (technischer oder nichttechnischer Art) dem Gewerbebetrieb desselben leisten.

Abs. 2. Vgl. § 1 des Krankenversicherungsgesetzes, des Unfallversicherungsgesetzes vom 6. Juli 1884 und des Invaliditäts- und Altersversicherungsgesetzes vom 22. Juni 1889. Als „Gehalt und Lohn" gelten hier auch Tantièmen und Naturalbezüge (Kom.-Ber. S. 6).

Als Betriebsbeamte sind die im technischen Betriebe beschäftigten Beamten, sowie diejenigen auf dem technischen Büreau beschäftigten Beamten anzusehen, welche in stetem Verkehr mit dem Betriebe stehen. — Das kaufmännische Hülfspersonal fällt nicht unter das Gesetz, § 76.

§ 3.

Die Gewerbegerichte sind ohne Rücksicht auf den Werth des Streitgegenstandes zuständig für Streitigkeiten:

1. über den Antritt, die Fortsetzung oder die Auflösung des Arbeitsverhältnisses, sowie über die Aushändigung oder den Inhalt des Arbeitsbuches oder Zeugnisses,
2. über die Leistungen und Entschädigungsansprüche aus dem Arbeitsverhältnisse, sowie über eine in Beziehung auf dasselbe bedungene Konventionalstrafe,
3. über die Berechnung und Anrechnung der von den Arbeitern zu leistenden Krankenversicherungsbeiträge (§§ 53, 65, 72, 73 des Gesetzes, betreffend die Krankenversicherung der Arbeiter vom 15. Juni 1883, Reichs-Gesetzbl. S. 73),
4. über die Ansprüche, welche auf Grund der Uebernahme einer gemeinsamen Arbeit von Arbeitern desselben Arbeitgebers gegen einander erhoben werden.

Streitigkeiten über eine Konventionalstrafe, welche für den Fall bedungen ist, daß der Arbeiter nach Beendigung des Arbeitsverhältnisses ein solches bei anderen Arbeitgebern eingeht oder ein eigenes Geschäft errichtet, gehören nicht zur Zuständigkeit der Gewerbegerichte.

Anm. Siehe Gerichtsverfassungsgesetz § 23 Nr. 2.

Ueber örtliche Zuständigkeit § 25, Zuständigkeit der Gemeindevorsteher § 71.

Zu 1. Das Arbeitsverhältniß schließt hier laut § 2 (ebenso wie nach dem aufgehobenen § 120a Gew.-O.) auch das Lehrverhältniß ein. Ueber Arbeitsbuch s. Gew.-O. §§ 107 ff. Auch Klagen auf Feststellung des Bestehens oder Nichtbestehens eines Vertrags fallen unter Nr. 1.

Vgl. noch § 56 Abs. 2.

Zu 2. Die Vorschrift erstreckt sich auch auf solche Ansprüche, welche erst mit dem Zeitpunkt der Entlassung oder des Austritts des Arbeiters entstehen, z. B. auf Rückgabe einer Kaution, Entschädigung wegen unbefugter Entlassung; aber nicht auf solche, welche das Arbeitsverhältniß überhaupt nicht berühren, vgl. Abs. 2.

Auch Streitigkeiten über die Anrechnung der vom Arbeitgeber abgezogenen Beiträge der Arbeiter zu Knappschaftskassen und gleichartigen Anstalten gehören hierher (Mot.)

Streitigkeiten über Strafen sind keine gewerbliche Streitigkeiten (Sten. Ber. S. 343); Strafen werden nur als Gegenforderungen geltend gemacht werden können.

Zu 3. Bezüglich der Beiträge zur Invaliditäts- und Altersversicherung werden solche Streitigkeiten von der unteren Verwaltungsbehörde entschieden.

Zu 4. Es können gemäß § 1 auch hier nur gewerbliche Streitigkeiten in Frage kommen, ohne daß allerdings die Schranken der Nr. 1 und 2 gezogen sind. Wegen der Hausgewerbetreibenden (Heimarbeitern) vgl. § 4.

§ 4.

Zur Zuständigkeit der Gewerbegerichte gehören ferner Streitigkeiten der in § 3 Nr. 1 bis 3 bezeichneten Art zwischen Personen, welche für bestimmte Gewerbetreibende außerhalb der Arbeitsstätte der letzteren mit Anfertigung gewerblicher Erzeugnisse beschäftigt sind (Heimarbeiter, Hausgewerbetreibende), und ihren Arbeitgebern, sofern die Beschäftigung auf die Bearbeitung oder Verarbeitung der den ersteren von den Arbeitgebern gelieferten Rohstoffe oder Halbfabrikate beschränkt ist. Das Gleiche gilt von Streitigkeiten der in § 3 Nr. 4 bezeichneten Art zwischen solchen Hausgewerbetreibenden unter einander.

Streitigkeiten derjenigen Hausgewerbetreibenden, welche die Rohstoffe oder Halbfabrikate selbst beschaffen, unterliegen der Zuständigkeit der Gewerbegerichte, soweit dies durch das Statut bestimmt ist.

Anm. Vgl. § 14 hinsichtlich der Wahlen. Ueber den Begriff „Hausgewerbetreibende" vgl. a. § 2 des Invaliditäts- und Altersversicherungsgesetzes vom 22. Juni 1889.

Abs. 2. Es handelt sich hier um die Streitigkeiten solcher Hausgewerbetreibenden unter einander, wie auch mit ihren Arbeitgebern; dieselben sind also, wenn das Statut nicht anders bestimmt, vor die ordentlichen Gerichte zu bringen, während die Streitigkeiten solcher Hausgewerbetreibenden mit ihren Arbeitern (§ 2) immer vor die Gewerbegerichte gehören.

§ 5.

Durch die Zuständigkeit eines Gewerbegerichts wird die Zuständigkeit der ordentlichen Gerichte ausgeschlossen.

Anm. Vgl. §§ 26, 81.

§ 6.

Die sachliche Zuständigkeit der Gewerbegerichte kann auf bestimmte Arten von Gewerbe- oder Fabrikbetrieben, die örtliche auf bestimmte Theile des Gemeindebezirks beschränkt werden.

Die Landes-Zentralbehörde kann die örtliche Zuständigkeit eines von ihr errichteten Gewerbegerichts ausdehnen. Die betheiligten Ortsbehörden sind zuvor zu hören.

Anm. Vgl. §§ 7, 13, 25. Wegen der Gewerbegerichte für Bergbau vgl. § 77 Abs. 2 Nr. 1.

§ 7.

Die Grenze der Zuständigkeit (§ 6), sowie die Zusammensetzung des Gerichts nach Maßgabe der Bestimmungen dieses Gesetzes ist durch das Statut zu regeln.

§ 8.

Die Kosten der Einrichtung und der Unterhaltung des Gerichts sind, soweit sie in dessen Einnahmen ihre Deckung nicht finden, von der Gemeinde oder von dem weiteren Kommunalverbande zu tragen. Soll das Gericht nicht ausschließlich für eine Gemeinde oder einen weiteren Kommunalverband zuständig sein, so ist bei Festsetzung der Zuständigkeit zugleich zu bestimmen, zu welchen Antheilen die einzelnen Bezirke an der Deckung der Kosten theilnehmen.

Gebühren, Kosten und Strafen, welche in Gemäßheit dieses Gesetzes zur Hebung gelangen, bilden Einnahmen des Gerichts.

Anm. Wegen der Gewerbegerichte für Bergbau vgl. § 77 Nr. 3. Abs. 2. §§ 21, 40, 57.

§ 9.

Für jedes Gewerbegericht sind ein Vorsitzender und mindestens ein Stellvertreter desselben, sowie die erforderliche Zahl von Beisitzern zu berufen; die Zahl der letzteren soll mindestens vier betragen.

Bei Gewerbegerichten, welche aus mehreren Abtheilungen (Kammern) bestehen, können mehrere Vorsitzende bestellt werden.

Anm. Ueber Mitglieder § 10, über Vorsitzende § 11, Beisitzer § 12.

Wie hoch hiernach das Personal eines Gewerbegerichts im Ganzen zu bemessen ist, um eine ordnungsmäßige Erledigung der Geschäfte ohne übermäßige Inanspruchnahme der einzelnen Mitglieder zu sichern, wird für jedes einzelne Gericht unter Berücksichtigung der Größe des Bezirks und des Geschäftsumfanges durch das Statut oder die Verfügung der Zentralbehörde zu bestimmen sein. Die im Absatz 1 vorgeschriebene Besetzung mit einem Vorsitzenden, einem Stellvertreter desselben und vier Beisitzern bezeichnet nur das Mindestmaß, unter welches auch bei kleinen Gerichten jedenfalls nicht herabgegangen werden kann.

In dem im Absatz 2 vorgesehenen Falle, daß bei einem Gewerbegericht mehrere Abtheilungen unter besonderen Vorsitzenden eingerichtet werden, kann die Vertheilung der Geschäfte sowohl nach Bezirken, als nach sachlichen Merkmalen, insbesondere auch nach den hauptsächlichsten Industriezweigen erfolgen. Das Nähere hierüber, wie auch die erforderlichen Bestimmungen in Betreff der Dienstaufsicht, ist der statutarischen Regelung überlassen.

§ 10.

Zum Mitgliede eines Gewerbegerichts soll nur berufen werden, wer das dreißigste Lebensjahr vollendet, in dem der Wahl vorangegangenen Jahre für sich oder seine Familie Armenunterstützung aus öffentlichen Mitteln nicht empfangen oder die empfangene Armenunterstützung erstattet hat und in dem Bezirke des Gerichts seit mindestens zwei Jahren wohnt oder beschäftigt ist.

Personen, welche zum Amt eines Schöffen unfähig sind (Gerichtsverfassungsgesetz §§ 31, 32), können nicht berufen werden.

Anm. Ueber Rechte und Pflichten der Mitglieder §§ 18, 21, 53.

eidliche Verpflichtung § 20, Zuziehung § 22 Abs. 3, 4, Amtsentsetzung § 19.

Abs. 1. Vgl. § 17. Ein Mitglied kann demnach sowohl an seinem Wohnort wie an seinem Beschäftigungsorte gewählt werden. Vgl. a. § 13 Abs. 2.

Die auf Grund des Krankenversicherungsgesetzes gewährten Leistungen und ersetzten Unterstützungen gelten nach § 77 dieses Gesetzes nicht als öffentliche Armenunterstützungen. Dasselbe ist der Fall bezüglich der Leistungen auf Grund des Unfallversicherungsgesetzes. Ebensowenig werden wohl z. B. die Gewährung von Schulfreistellen und freien Büchern oder einzelner Unterstützungen aus Anlaß von Unglücksfällen, Bränden u. dgl. den Charakter einer öffentlichen Armenunterstützung tragen. Die Bestimmung will offenbar nur die dauernd wirthschaftlich Unselbständigen ausschließen. Der Antrag, dem Worte „Armenunterstützung" das Wort „dauernde" event. „wiederholte" hinzuzufügen, wurde jedoch im Reichstage abgelehnt (Sten. Ber. S. 373).

Abs. 2. §§ 31, 32 des Gerichtsverfassungsgesetzes lauten:

§ 31. Das Amt eines Schöffen ist ein Ehrenamt. Dasselbe kann nur von einem Deutschen versehen werden.

§ 32. Unfähig zu dem Amte eines Schöffen sind:

1. Personen, welche die Befähigung in Folge strafgerichtlicher Verurtheilung verloren haben;
2. Personen, gegen welche das Hauptverfahren wegen eines Verbrechens oder Vergehens eröffnet ist, das die Aberkennung der bürgerlichen Ehrenrechte oder der Fähigkeit zur Bekleidung öffentlicher Aemter zur Folge haben kann;
3. Personen, welche in Folge gerichtlicher Anordnung in der Verfügung über ihr Vermögen beschränkt sind.

Frauen sind danach ausgeschlossen. Die Nichtberufung aus den Gründen des § 33 G.=V.=G. kann das Ortsstatut anordnen. Ueber die Ausschließung von der Ausübung des Richteramts vgl. ferner C.=P.=O. § 41.

§ 11.

Der Vorsitzende sowie dessen Stellvertreter dürfen weder Arbeitgeber noch Arbeiter sein.

Sie werden durch den Magistrat und, wo ein solcher nicht vorhanden ist oder das Statut dies bestimmt, durch die Gemeindevertretung, in weiteren Kommunalverbänden durch die Vertretung des Verbandes auf mindestens ein Jahr gewählt.

Anm. Vgl. §§ 2, 10, 14, 16, 83. Wegen der Gewerbegerichte für Bergbau § 77 Nr. 4 und 5.

Für den Vorsitzenden ist rechtsgelehrte Bildung oder Befähigung zum Richteramte oder zum höheren Verwaltungsdienst nicht unumgängliche Vorbedingung. Näheres bestimmt das Ortsstatut, auch über die Amtsdauer.

Ist das Gewerbegericht für mehrere Gemeinden eingesetzt, so wird bei der Errichtung zu bestimmen sein, in welcher Weise die betheiligten Gemeindevorstände oder Gemeindevertretungen bei der Wahl mitzuwirken haben.

Ueber Bestätigung § 15, eidliche Verpflichtung § 20, Befugnisse §§ 53, 54.

§ 12.

Die Beisitzer müssen zur Hälfte aus den Arbeitgebern, zur Hälfte aus den Arbeitern entnommen werden.

Die ersteren werden mittelst Wahl der Arbeitgeber, die letzteren mittelst Wahl der Arbeiter bestellt. Die Wahl ist unmittelbar und geheim.

Die Wahl erfolgt auf mindestens ein Jahr und auf höchstens sechs Jahre. Eine Wiederwahl ist zulässig.

Anm. Die Einführung eines regelmäßigen Turnus des Ausscheidens der Beisitzer bleibt dem Ortsstatut überlassen.

Abs. 2. Vgl. §§ 13, 15, 16. Das Stimmrecht ist ein gleiches; Ungleichheiten, etwa gemäß der Steuerleistungen werden daher (wie auch die Reichstags-Kommission annahm), durch die Statuten nur in ganz besonderen Ausnahmefällen zugelassen werden dürfen.

Ob der Arbeitgeber in letzter Zeit überhaupt Arbeiter beschäftigt hat, ist ohne Belang (Komm.-Ber. S. 16).

Die Wahl nach Gruppen kann das Ortsstatut vorschreiben, § 13.

Die zu einem für eine einzelne Industrie errichteten Fachgerichte zugehörigen Arbeitgeber und Arbeiter sind von den Wahlen zu einem für denselben Bezirk bestehenden allgemeinen Gewerbegericht ausgeschlossen (Komm.-Ber. S. 13, 14).

§ 13.

Zur Theilnahme an den Wahlen (§ 12) ist nur berechtigt, wer das fünfundzwanzigste Lebensjahr vollendet und seit mindestens einem Jahre in dem Bezirke des Gewerbegerichts Wohnung oder Beschäftigung hat. Die im § 10 Absatz 2 bezeichneten Personen sind nicht wahlberechtigt.

Ist die Zuständigkeit des Gewerbegerichts auf bestimmte Arten von Gewerbe- oder Fabrikbetrieben beschränkt (§ 6

Absatz 1), so sind nur die Arbeitgeber und Arbeiter dieser Betriebe wählbar und wahlberechtigt.

Mitglieder einer Innung, für welche ein Schiedsgericht in Gemäßheit der §§ 97a, 100d der Gewerbeordnung errichtet ist, sowie deren Arbeiter sind weder wählbar noch wahlberechtigt.

Die näheren Bestimmungen über die Wahl und das Verfahren bei derselben werden durch das Statut getroffen. Es kann insbesondere festgesetzt werden, daß bestimmte gewerbliche Gruppen je einen oder mehrere Beisitzer zu wählen haben.

Anm. Weibliche Personen sind auch vom aktiven Wahlrecht ausgeschlossen (Sten. Ber. S. 474).

Abs. 3. Vgl. § 79.

Abs. 4. Vgl. § 12 Abs. 2. Eine Vornahme der Wahl ohne vorherige Aufstellung von Wählerlisten bezw. die Benutzung der Mitgliederlisten der Krankenkassen für die Wahl ist statthaft; ebensowenig ist eine Wahl nach Wahlbezirken ausgeschlossen (Komm.-Ber. S. 16).

Für das System der Wahl werden die örtlichen Verhältnisse, insbesondere Zahl und Umfang der hauptsächlichen Industriezweige entscheidend sein.

§ 14.

Den Arbeitgebern stehen im Sinne der §§ 11 bis 13 die mit der Leitung eines Gewerbebetriebes oder eines bestimmten Zweiges desselben betrauten Stellvertreter der selbständigen Gewerbetreibenden gleich, sofern sie nicht nach § 2 Absatz 2 als Arbeiter gelten.

Inwieweit die nach § 4 der Zuständigkeit der Gewerbegerichte unterstellten Hausgewerbetreibenden als Arbeitgeber oder als Arbeiter wahlberechtigt und wählbar sind, wird durch das Statut bestimmt.

Anm. Durch die Fassung ist zum Ausdrucke gebracht, daß die Vertretungsbefugniß der betreffenden Personen, wenn sie sich auch nicht auf die gesammte Thätigkeit des Gewerbeunternehmers zu erstrecken braucht, doch nothwendig einen Geschäftskreis umfassen muß, der seiner Natur nach zur Thätigkeit des Unternehmers gehört. Gewöhnliche Werkmeister, Faktoren und ähnliche Betriebsbeamte fallen nicht unter die Bestimmung. Dagegen wird es keinen Unterschied begründen können, ob der Stellvertreter außer der technischen Leitung auch mit der geschäftlichen Vertretung nach außen betraut ist oder nicht. Die Bestimmung hat daher ebensowohl auf die Vorstandsmitglieder von Aktiengesellschaften Genossenschaften u. s. w. als auf die dirigirenden Betriebsbeamten größerer Fabrikunternehmungen Anwendung zu finden. (Mot.) Siehe auch Gew.-O. §§ 45, 46.

Die Vorschrift stellt auch in Bezug auf das Wahlrecht die Stellvertreter der Gewerbetreibenden den letzteren vollständig gleich, so daß sie neben denselben, nicht blos in Verhinderung der Arbeitgeber das Wahlrecht für die Besetzung der Gewerbegerichte in der Abtheilung der Arbeitgeber ausüben. (Sten. Ber. S. 421.)

§ 15.

Beschwerden gegen die Rechtsgültigkeit der Wahlen sind nur binnen eines Monats nach der Wahl zulässig. Sie werden durch die höhere Verwaltungsbehörde entschieden. Dieselbe hat auf erhobene Beschwerde Wahlen, welche gegen das Gesetz oder die auf Grund des Gesetzes erlassenen Wahlvorschriften verstoßen, für ungültig zu erklären.

Die Wahl der Vorsitzenden und der Stellvertreter bedarf der Bestätigung der höheren Verwaltungsbehörde, in deren Bezirk das Gewerbegericht seinen Sitz hat. Diese Bestimmung findet auf Staats- oder Gemeindebeamte, welche ihr Amt kraft staatlicher Ernennung oder Bestätigung verwalten, keine Anwendung, so lange sie dieses Amt bekleiden.

Anm. Vgl. § 83. Die Beschwerde nach § 14 ist auch bezüglich der Wahl des Vorsitzenden und seines Stellvertreters statthaft; Beschwerden aus dem Schooße des Wahlkörpers (§ 11) heraus sind dagegen in dem gewöhnlichen, von den Städte- und Gemeindeordnungen geregelten Wege zu erledigen (Komm.-Ber. S. 18).

Abs. 2. Die Ausnahme von Satz 2 auch auf solche Gemeindebeamte, welche die Befähigung zum Richteramt oder zur Bekleidung höherer Verwaltungsämter erlangt haben, allgemein auszudehnen, ist im Reichstag abgelehnt worden (Sten. Ber. S. 428).

§ 16.

Sind Wahlen nicht zu Stande gekommen, oder wiederholt für ungültig erklärt, so ist die höhere Verwaltungsbehörde befugt:

a) die Wahlen, soweit sie durch Arbeitgeber oder Arbeiter vorzunehmen waren, durch den Magistrat und, wo ein solcher nicht vorhanden ist oder wo das Statut dies bestimmt, durch die Gemeindevertretung, in weiteren Kommunalverbänden durch die Vertretung des Verbandes vornehmen zu lassen;

b) soweit die Wahlen vom Magistrat oder der Gemeindevertretung oder der Vertretung eines weiteren Kommunalverbandes vorzunehmen waren, die Mitglieder selbst zu ernennen.

Anm. Vgl. §§ 11, 12, 83.

§ 17.

Namen und Wohnort der Mitglieder des Gewerbegerichts werden nach näherer Bestimmung des Statuts öffentlich bekannt gemacht.

§ 18.

Das Amt der Beisitzer ist ein Ehrenamt. Die Uebernahme kann nur aus den Gründen verweigert werden, welche zur Ablehnung eines unbesoldeten Gemeindeamtes berechtigen. Wo landesgesetzliche Bestimmungen über die zur Ablehnung von Gemeindeämtern berechtigenden Gründe nicht bestehen, darf die Uebernahme nur aus denselben Gründen verweigert werden, aus welchen das Amt eines Vormundes abgelehnt werden kann. Wer das Amt eines Beisitzers sechs Jahre versehen hat, kann während der nächsten sechs Jahre die Uebernahme des Amts ablehnen. Ablehnungsgründe gewählter Beisitzer sind nur zu berücksichtigen, wenn dieselben, nachdem der betheiligte Beisitzer von seiner Wahl in Kenntniß gesetzt ist, schriftlich geltend gemacht werden. Ueber den Ablehnungsantrag entscheidet die im § 11 Absatz 2 bezeichnete Stelle.

Die Beisitzer erhalten für jede Sitzung, der sie beigewohnt haben, Vergütung etwaiger Reisekosten und eine Entschädigung für Zeitversäumniß. Die Höhe der letzteren ist durch das Statut festzusetzen; eine Zurückweisung derselben ist unstatthaft.

Anm. Ueber Strafen s. § 21. In Preußen berechtigen zur Ablehnung eines unbesoldeten Gemeindeamts nach § 74 der Städteordnung vom 30. Mai 1853 im Geltungsbereich derselben nur folgende Entschuldigungsgründe:

1) anhaltende Krankheit;
2) Geschäfte, die eine häufige oder lange dauernde Abwesenheit mit sich bringen;
3) ein Alter über sechzig Jahre;
4) die früher stattgehabte Verwaltung einer unbesoldeten Stelle für die nächsten drei Jahre;
5) die Verwaltung eines anderen öffentlichen Amtes;
6) ärztliche und wundärztliche Praxis;
7) sonstige besondere Verhältnisse, welche nach dem Ermessen der Stadtverordneten-Versammlung eine gültige Entschuldigung begründen.

Zu den öffentlichen Aemtern zu 5 werden z. B. auch die eines Schöffen und Geschworenen zu zählen sein.

Ueber Wiederwahl § 12; die Ablehnung ist zulässig, nicht nur wenn das Amt 6 Jahre hintereinander, sondern auch, wenn es — auch zu verschiedenen Zeiten — überhaupt zusammengerechnet 6 Jahre hindurch versehen worden ist.

Abs. 2. Die Vergütungen können natürlich niemals als ein Theil der Prozeßkosten, welcher den Parteien zur Last fiele, angesehen werden (Mot.).

§ 19.

Ein Mitglied des Gewerbegerichts, hinsichtlich dessen Umstände eintreten oder bekannt werden, welche die Wählbarkeit zu dem von ihm bekleideten Amte nach Maßgabe dieses Gesetzes ausschließen, ist des Amts zu entheben. Die Enthebung erfolgt durch die höhere Verwaltungsbehörde nach Anhörung des Betheiligten.

Ein Mitglied des Gewerbegerichts, welches sich einer groben Verletzung seiner Amtspflicht schuldig macht, kann seines Amts entsetzt werden. Die Entsetzung erfolgt durch das Landgericht, in dessen Bezirke das Gewerbegericht seinen Sitz hat. Hinsichtlich des Verfahrens und der Rechtsmittel finden die Vorschriften entsprechende Anwendung, welche für die zur Zuständigkeit der Landgerichte gehörigen Strafsachen gelten. Die Klage wird von der Staatsanwaltschaft auf Antrag der höheren Verwaltungsbehörde erhoben.

Anm. Vgl. §§ 10, 11, 12, 13, 83.

Abs. 1. Die Amtsenthebung tritt von Amtswegen ein, z. B. auch, wenn ein als Arbeiter gewählter Beisitzer selbst Arbeitgeber wird oder wenn an demselben Orte ein Innungsschiedsgericht besteht und ein Beisitzer bei einem Meister der betr. Innung in Arbeit tritt.

Beschwerde findet innerhalb des geordneten Instanzenzuges statt (ein entgegengesetzter Vorschlag des Entwurfs fand im Reichstag keine Zustimmung).

Abs. 2. Vgl. §§ 21, 83. Die Verletzung der Amtspflicht braucht nicht auf einer strafbaren Handlung zu beruhen bzw. mit krimineller Strafe bedroht zu sein (Sten. Ber. S. 637).

§ 20.

Der Vorsitzende des Gewerbegerichts und dessen Stellvertreter sind vor ihrem Amtsantritte durch den von der höheren Verwaltungsbehörde beauftragten Beamten, die Beisitzer vor der ersten Dienstleistung durch den Vorsitzenden auf die Erfüllung der Obliegenheiten des ihnen übertragenen Amts eidlich zu verpflichten.

Anm. Bei Mitgliedern, welche bereits im Hauptamt eidlich verpflichtet sind, genügt die Bezugnahme auf den geleisteten Eid (Komm.-Ber. S. 20); dasselbe wird auch bei der Wiederwahl bezüglich des bereits geleisteten Eides gelten.

Die Beeidigung wird im Uebrigen analog der Vorschrift des § 51 des Gerichtsverfassungsgesetzes in der Weise erfolgen, daß der den Eid Abnehmende an die zu Beeidigenden die Worte richtet:

„Sie schwören bei Gott dem Allmächtigen und Allwissenden, die Pflichten eines Vorsitzenden (bezw. dessen Stellvertreters bezw. eines Beisitzers) des Gewerbegerichts getreulich zu erfüllen"

und Jeder der zu Beeidigenden einzeln die Worte spricht:

„ich schwöre es, so wahr mir Gott helfe."

(Vgl. auch § 1 der Verordnung über das Verfahren vor den auf Grund des Unfallversicherungsgesetzes errichteten Schiedsgerichten vom 2. November 1885, R.-G.-Bl. S. 279).

§ 21.

Beisitzer, welche ohne genügende Entschuldigung zu den Sitzungen nicht rechtzeitig sich einfinden oder ihren Obliegenheiten in anderer Weise sich entziehen, sind zu einer Ordnungsstrafe bis zu 300 Mk., sowie in die verursachten Kosten zu verurtheilen. Die Verurtheilung wird durch den Vorsitzenden ausgesprochen. Erfolgt nachträglich genügende Entschuldigung, so kann die Verurtheilung ganz oder theilweise zurückgenommen werden.

Gegen die Entscheidungen findet Beschwerde an das Landgericht statt, in dessen Bezirke das Gewerbegericht seinen Sitz hat. Das Verfahren richtet sich nach den Vorschriften der Strafprozeßordnung.

Anm. Auch anwendbar auf solche Beisitzer, welche den gesetzlichen Bestimmungen zuwider gewählt worden sind, sofern sie den entgegenstehenden Umstand nicht geltend machen. Vorausgesetzt wird, daß der Beisitzer von der Sitzung gehörig in Kenntniß gesetzt worden ist; eines Hinweises auf die Folgen des Ausbleibens bedarf es in der Einladung aber nicht. Auch die Weigerung der Abstimmung kann strafbar sein.

Die Verurtheilung erfolgt für jede Sitzung besonders und allein durch den Vorsitzenden — also ohne vorherige Anhörung der Beisitzer; ein auf Letzteres abzielender Antrag ist in der Reichstags-Kommission abgelehnt worden (Komm.-Ber. S. 21). Vgl. a. § 27.

Eine Entschuldigung kann auch noch nach Berichtigung der Strafe wirksam angebracht werden.

Abs. 2. Vgl. § 56 des Gerichtsverfassungsgesetzes und §§ 346 bis 352 der Strafprozeßordnung. Danach kann die Beschwerde ohne Frist jederzeit beim Landgericht schriftlich oder zu Protokoll des Gerichtsschreibers eingelegt werden. Der Vollzug der angefochtenen Entscheidung wird dadurch aber nicht gehemmt. Der Beschluß des Landgerichts kann nicht durch weitere Beschwerde angefochten werden.

§ 22.

Das Gewerbegericht verhandelt und entscheidet, soweit nicht in diesem Gesetze ein Anderes bestimmt ist, in der Besetzung von drei Mitgliedern mit Einschluß des Vorsitzenden.

Durch das Ortsstatut kann bestimmt werden, daß allgemein oder für gewisse Streitigkeiten eine größere Zahl von Beisitzern zuzuziehen ist.

In gleicher Weise ist zu bestimmen, nach welchen Grundsätzen der Vorsitzende die einzelnen Beisitzer zuzuziehen hat.

Arbeitgeber und Arbeiter müssen stets in gleicher Zahl zugezogen werden.

Anm. Abs. 1. Ausnahmen §§ 48, 54, 63 und § 27 Anm. Die Mitglieder haben selbstredend gleiches Stimmrecht, § 53.

Abs. 3. Vgl. §§ 9, 12.

§ 23.

Bei jedem Gewerbegerichte wird eine Gerichtsschreiberei eingerichtet.

Für die Bewirkung der Zustellungen in dem Verfahren vor den Gewerbegerichten können an Stelle der Gerichtsvollzieher Gemeindebeamte verwendet werden.

Anm. Abs. 1. Vgl. Gerichtsverfassungsgesetz § 154.

Abs. 2. Für die Zustellung können in keinem Falle Gebühren erhoben werden §§ 30, 57. Wegen der Gewerbegerichte für Bergbau vgl. § 77 Nr. 4.

Zweiter Abschnitt.

Verfahren.

§ 24.

Auf das Verfahren vor den Gewerbegerichten finden, soweit im Nachstehenden nicht besondere Bestimmungen getroffen sind, die für das amtsgerichtliche Verfahren geltenden Vorschriften der Civilprozeßordnung entsprechende Anwendung.

Anm. C.-P.-O. §§ 456 ff.

Der der C.-P.-O. eigenthümliche Grundsatz des Prozeßbetriebs durch die Parteien ist in der Hauptsache beseitigt und durch den Offizialbetrieb seitens des Gewerbegerichts ersetzt.

Die hiernach für das gewerbegerichtliche Verfahren zur Anwendung kommenden Vorschriften sind im Anhang I insgesammt zum Abdruck gebracht. — Rechtsmittelinstanz § 55, Zwangsvollstreckung § 56. — Ueber die Thätigkeit des Gewerbegerichts als Einigungsamt vgl. §§ 61 ff., über das Verfahren vor dem Gemeindevorsteher §§ 71 ff.

§ 25.

Zuständig ist dasjenige Gewerbegericht, in dessen Bezirke die streitige Verpflichtung zu erfüllen ist.

Anm. An Stelle von C.-P.-O. §§ 12 ff. über den Gerichtsstand.

Ob die Verpflichtung vom Kläger oder Beklagten zu erfüllen, macht hier keinen Unterschied. Wo zu erfüllen, bestimmt sich nach bürgerlichem Recht; der Ort des Vertragsabschlusses ist ohne Bedeutung.

„In den weitaus meisten Fällen wird der Erfüllungsort mit demjenigen der gewerblichen Niederlassung des Arbeitgebers und der regelmäßigen Arbeitsstelle des Arbeiters zusammenfallen und ohne Prüfung von Rechtsfragen zu bestimmen sein.

Den Gerichtsstand zu einem ausschließlichen im Sinne der Civilprozeßordnung zu machen, fehlt es an einem genügenden Grund; den Parteien bleibt es daher unbenommen, kraft ausdrücklicher oder stillschweigender Uebereinkunft (C.-P.-O. §§ 38—40) die Entscheidung ihres Streites einem anderen, als dem im § 25 bezeichneten Gewerbegericht zu übertragen. Die Prorogation auf das ordentliche Gericht ist durch die Bestimmung im § 5 ausgeschlossen.

Die Bestimmungen über den Gerichtsstand der Widerklage finden auch auf die Gewerbegerichte Anwendung. Aus der beschränkten Jurisdiktion dieser Gerichte ergiebt sich aber von selbst, daß eine Widerklage bei demselben nur insoweit erhoben werden kann, als es sich dabei um einen Anspruch der im § 3 bezeichneten Art handelt. Die einredeweise Geltendmachung von Ansprüchen ist dieser Beschränkung an und für sich nicht unterworfen; doch werden die Gewerbegerichte auf Grund der ihnen nach § 136 Absatz 2 der C.-P.-O. zustehenden Befugniß zur Verweisung ad separatum auch hier in der Regel in der Lage sein, die Kognition über Ansprüche, welche in fremdartigen Verhältnissen ihren Grund haben, abzulehnen" (Mot.).

Ueber Gerichtsstand der Widerklage s. C.-P.-O. § 33, über Vereinbarung über die Zuständigkeit (Prorogation) C.-P.-O. §§ 38—40.

Darnach können die Parteien auch jedes andere Gewerbegericht angehen.

§ 26.

Die Vorschrift im § 11 der Civilprozeßordnung über die bindende Wirkung der rechtskräftigen Entscheidung, durch welche ein Gericht sich für sachlich unzuständig erklärt hat, findet in dem Verhältniß der Gewerbegerichte und der ordentlichen Gerichte Anwendung. Eine solche Entscheidung des ordentlichen Gerichts ist auch insoweit, als sie auf der Annahme der örtlichen Zuständigkeit eines bestimmten Gewerbegerichts beruht, für das letztere bindend.

Anm. Der zweite Satz beruht auf der Erwägung, daß das ordentliche Gericht, da nicht für jeden Bezirk ein Gewerbegericht bestehen wird, nur dann dazu gelangen kann, seine sachliche Zuständigkeit zu verneinen, wenn es sich zugleich von dem Vorhandensein eines für die einzelne Streitsache örtlich zuständigen Gewerbegerichts überzeugt, also die Zuständigkeit eines solchen auch in dieser Hinsicht geprüft und bejaht hat. (Vgl. Mot.)

Vgl. a. C.-P.-O. §§ 249, 466, 467.

§ 27.

Ueber Gesuche wegen Ablehnung von Gerichtspersonen entscheidet das Gewerbegericht.

Anm. An Stelle von C.-P.-O. § 45 vgl. noch C.-P.-O. 41 bis 44, 46, 47. Die weiteren Worte des Entwurfs „unter Theilnahme von Beisitzern" sind bei der Berathung im Reichstage gestrichen worden, so daß bei Ablehnung eines Beisitzers durch schriftliches Gesuch vor dem Termin gemäß § 53 Abs. 1 vom Vorsitzenden allein, bei Ablehnung im Termin aber vom ganzen Gericht nach Zuziehung eines Vertreters für den Abgelehnten zu entscheiden ist. Bei Ablehnung des Vorsitzenden hat zunächst dessen Stellvertreter mitzuwirken eventl. das Landgericht zu entscheiden (Sten. Ber. S. 638, 643).

§ 28.

Nichtprozeßfähigen Parteien, welche ohne gesetzlichen Vertreter sind, kann auf Antrag bis zum Eintritt des gesetzlichen Vertreters von dem Vorsitzenden ein besonderer Vertreter bestellt werden.

Das Gleiche gilt im Fall erheblicher Entfernung des Aufenthaltsorts des gesetzlichen Vertreters.

Die nicht prozeßfähige Partei ist auf ihr Verlangen selbst zu hören.

Anm. An Stelle von C.-P.-O. § 55. Vgl. § 29 u. C.-P.-O. §§ 50—54.

Abs. 3. Vgl. § 40. Ein Anhören der Partei ist auch dann nicht nothwendig, wenn dieselbe im Termin nicht persönlich erscheint (Komm.-Ber. S. 22.)

Ueber Streitgenossen s. C.-P.-O. §§ 56—60,
„ Betheiligung Dritter „ „ §§ 61—73,
„ Prozeßvollmacht „ „ §§ 75—86.

§ 29.

Rechtsanwälte und Personen, welche das Verhandeln vor Gericht geschäftsmäßig betreiben, werden als Prozeßbevollmächtigte oder Beistände vor dem Gewerbegerichte nicht zugelassen.

Anm. An Stelle von C.-P.-O. § 143.

Auch eine ausnahmsweise Zulassung seitens des Gerichts oder des Vorsitzenden ist unstatthaft (Sten. Ber. S. 641).

„Geschäftsmäßig" ist weitergehend, als „gewerbemäßig", wofür der Nachweis des Entgelts erforderlich sein würde.

Durch diese Bestimmung werden Rechtsanwälte nur als Prozeßvertreter ausgeschlossen, nicht auch etwa dann, wenn sie selber Partei sind z. B. in ihrer Eigenschaft als Direktoren einer Aktiengesellschaft. (Komm.-Ber. S. 22.)

§ 30.

Die Zustellungen in dem Verfahren vor den Gewerbegerichten erfolgen von Amtswegen.

Urtheile und Beschlüsse, gegen welche ein Rechtsmittel stattfindet, sind den Parteien zuzustellen, soweit diese nicht auf die Zustellung verzichten. Sonstige Urtheile und Beschlüsse sind einer Partei nur zuzustellen, wenn sie nicht in Anwesenheit derselben verkündet sind. Auf Verlangen einer Partei ist derselben auch Ausfertigung eines in ihrer Anwesenheit verkündeten Urtheils oder Beschlusses zu ertheilen.

Anträge und Erklärungen einer Partei, welche zugestellt werden sollen, sind bei dem Gericht einzureichen oder mündlich zum Protokoll des Gerichtsschreibers anzubringen.

Sofern durch die Zustellung eine Frist gewahrt oder die Verjährung unterbrochen werden soll, tritt diese Wirkung, wenn die Zustellung demnächst erfolgt, bereits mit der Einreichung oder Anbringung des Antrags oder der Erklärung ein.

Anm. Abs. 1. An Stelle von C.-P.-O. § 152 Abs. 2, §§ 154, 179, 463; die Partei braucht sich also um die Zustellungen und Ladungen nicht zu kümmern, vgl. § 33 — Ausnahme § 56 Abs. 4.

Vgl. § 23 Abs. 2 und über Zustellungen noch C.-P.-O. §§ 152 ff.

Abs. 2. Tritt zum Theil an die Stelle von C.-P.-O. § 294. Ueber Verkündung § 48, Rechtsmittel § 55.

Verfügungen des Vorsitzenden brauchen blos behändigt zu werden. (Urtheile und Beschlüsse werden vom Gericht erlassen; Ausnahme § 53.)

Abs. 3. Welche Anträge und Erklärungen der Zustellung an die Gegenpartei bedürfen, bestimmt die C.-P.-O.

Abs. 4. Vgl. § 34 Abs. 2 wegen der Klage.

§ 31.

Der Gerichtsschreiber hat für die Bewirkung der Zustellung Sorge zu tragen und die bei derselben zu übergebenden Abschriften zu beglaubigen.

Er hat das zu übergebende Schriftstück in einem verschlossenen, mit der Adresse der Person, an welche zugestellt werden soll, sowie mit einer Geschäftsnummer versehenen Briefumschlage dem Zustellungsbeamten und im Falle der Zustellung durch die Post dieser zur Zustellung zu übergeben. Auf dem Briefumschlag ist der Vermerk zu setzen: Vereinfachte Zustellung.

Die auf dem Briefumschlage angegebene Geschäftsnummer ist in den Akten zu vermerken.

Erfolgt die Zustellung durch die Post, so ist eine Bescheinigung der Uebergabe an die Post (Civilprozeßordnung §§ 177, 179) nicht erforderlich.

Anm. An Stelle von C.-P.-O. §§ 155, 156, 177, 179, 233 Abs. 2 u. a.

„Es bedarf hiernach weder der Aushändigung der Urschrift an den Zustellungsbeamten, noch der Verbindung der Zustellungsurkunde mit der Urschrift, noch im Falle der Zustellung durch die Post einer Bescheinigung der Uebergabe an die Post (C.-P.-O. § 155, § 173 Absatz 2, §§ 177, 179.“ (Mot.)

Ueber Ladungen s. § 33, Zustellungsbeamte § 23 Abs. 2 u. C.-P.-O. § 152.

§ 32.

Die von dem Zustellungsbeamten oder dem Postboten aufzunehmende Zustellungsurkunde muß die Art und Weise, in welcher der seiner Adresse und seiner Geschäftsnummer nach bezeichnete Briefumschlag übergeben ist, insbesondere den Ort und die Zeit der Uebergabe, sowie die Person, welcher zugestellt ist, bezeichnen und, wenn die Zustellung nicht an den Adressaten persönlich erfolgt ist, den Grund hiervon angeben. Die Urkunde ist von dem die Zustellung vollziehenden Beamten zu unterschreiben.

Bei der Zustellung wird eine Abschrift der Zustellungsurkunde nicht übergeben. Der Tag der Zustellung ist von dem zustellenden Beamten auf dem Briefumschlage zu vermerken.

Anm. An Stelle von C.-P.-O. §§ 173 ff., 178.

§ 33.

Die zur Erledigung des Rechtsstreits erforderlichen Verhandlungstermine werden von dem Vorsitzenden von Amtswegen angesetzt. Nach Ansetzung des Termins ist die Ladung der Parteien durch den Gerichtsschreiber zu veranlassen. Ladungen durch die Parteien finden nicht statt.

Die Zustellung der Ladung muß spätestens am Tage vor dem Termin erfolgen.

Die Zustellung der Ladung an eine Partei ist nicht erforderlich, wenn der Termin in Anwesenheit derselben verkündet oder ihr bei Einreichung oder Anbringung der Klage oder des Antrags, auf Grund dessen die Terminsbestimmung stattfindet, mitgetheilt worden ist. Die erfolgte Mittheilung ist zu den Akten zu vermerken.

Anm. An Stelle von C.-P.-O. §§ 191, 193, 194, 195.

Ueber Termine und Fristen vgl. noch C.-P.-O. §§ 193 Abs. 3, 196—206, über Unterbrechung und Aussetzung des Verfahrens C.-P.-O. §§ 217—229.

§ 34.

Nachdem die Klage eingereicht oder zum Protokolle des Gerichtsschreibers angebracht ist, hat der Vorsitzende einen möglichst nahen Termin zur Verhandlung anzusetzen.

Die Klage gilt, unbeschadet der Bestimmung im § 30 Absatz 4, erst mit der Zustellung an den Beklagten als erhoben.

Anm. Tritt an Stelle von C.-P.-O. §§ 230, 233, 234. —

Vgl. § 54 über den ersten Termin, §§ 30, 31 über die Zustellung; ferner über die Klageerhebung und deren Wirkungen C.-P.-O. §§ 230—242, mündliche Verhandlung (prozeßhindernde Einreden, Angriffs- und Vertheidigungsmittel, Beweisregeln u. a.) C.-P.-O. §§ 246—267.

§ 35.

An ordentlichen Gerichtstagen können die Parteien zur Verhandlung des Rechtsstreits ohne Terminsbestimmung und Ladung vor dem Gericht erscheinen.

Die Erhebung der Klage erfolgt in diesem Falle durch den mündlichen Vortrag derselben. Die Klage ist zu Protokoll zu nehmen, falls die Sache streitig bleibt.

Anm. An Stelle von C.-P.-O. § 461.

§ 36.

Die Verhandlung vor dem erkennenden Gericht einschließlich der Verkündung der Urtheile und Beschlüsse desselben erfolgt öffentlich.

Durch das Gericht kann die Oeffentlichkeit für die Verhandlung oder für einen Theil derselben nach Maßgabe der Vorschriften in den §§ 173 bis 175*) des Gerichtsverfassungsgesetzes ausgeschlossen werden.

Die Vorschriften der §§ 176 bis 193*) des Gerichtsverfassungsgesetzes über die Aufrechterhaltung der Ordnung

---

*) Die Vorschriften des G.-V.-G. lauten — und zwar §§ 173 bis 193 in der durch Gesetz vom 5. April 1888 (R.-G.-Bl. S. 133) ihnen gegebenen Fassung:

§ 173. In allen Sachen kann durch das Gericht für die Verhandlung oder für einen Theil derselben die Oeffentlichkeit ausgeschlossen werden, wenn sie eine Gefährdung der öffentlichen Ordnung, insbesondere der Staatssicherheit, oder eine Gefährdung der Sittlichkeit besorgen läßt.

§ 174. Die Verkündung des Urtheils erfolgt in jedem Falle öffentlich.

Durch einen besonderen Beschluß des Gerichts kann für die Verkündung der Urtheilsgründe oder eines Theiles derselben die Oeffentlichkeit ausgeschlossen werden, wenn sie eine Gefährdung der Staatssicherheit oder eine Gefährdung der Sittlichkeit besorgen läßt.

§ 175. Die Verhandlung über die Ausschließung der Oeffentlichkeit findet in nicht öffentlicher Sitzung statt, wenn ein Betheiligter es beantragt oder das Gericht es für angemessen erachtet. Der Beschluß, welcher die Oeffentlichkeit ausschließt, muß öffentlich verkündet werden. Bei der Verkündung ist anzugeben, ob die Ausschließung wegen Gefährdung der öffentlichen Ordnung, insbesondere wegen Gefährdung der Staatssicherheit, oder ob sie wegen Gefährdung der Sittlichkeit erfolgt.

Ist die Oeffentlichkeit wegen Gefährdung der Staatssicherheit ausgeschlossen, so kann das Gericht den anwesenden Personen die Geheimhaltung von Thatsachen, welche durch die Verhandlung, durch die Anklageschrift oder durch andere amtliche Schriftstücke des Proin den Sitzungen und über die Gerichtssprache finden Anwendung.

Anm.: Abs. 1 gleichbedeutend mit G.-V.-G. § 170.

§ 37.

Erscheint der Kläger im Verhandlungstermine nicht, so ist auf Antrag des Beklagten das Versäumnißurtheil dahin zu erlassen, daß der Kläger mit der Klage abzuweisen sei.

Erscheint der Beklagte nicht und beantragt der Kläger das Versäumnißurtheil, so werden die in der Klage behaupteten Thatsachen als zugestanden angenommen. Soweit dieselben den Klageantrag rechtfertigen, ist nach dem Antrage zu erkennen; soweit dies nicht der Fall, ist die Klage abzuweisen.

---

zesses zu ihrer Kenntniß gelangen, zur Pflicht machen. Der Beschluß ist in das Sitzungsprotokoll aufzunehmen. Gegen denselben findet Beschwerde statt. Die Beschwerde hat keine aufschiebende Wirkung.

§ 176. Der Zutritt zu öffentlichen Verhandlungen kann unerwachsenen und solchen Personen versagt werden, welche sich nicht im Besitze der bürgerlichen Ehrenrechte befinden, oder welche in einer der Würde des Gerichts nicht entsprechenden Weise erscheinen.

Zu nicht öffentlichen Verhandlungen kann der Zutritt einzelnen Personen vom Gerichte gestattet werden. Einer Anhörung der Betheiligten bedarf es nicht.

Die Ausschließung der Oeffentlichkeit steht der Anwesenheit der die Dienstaufsicht führenden Beamten der Justizverwaltung bei den Verhandlungen vor dem erkennenden Gerichte nicht entgegen.

§ 177. Die Aufrechterhaltung der Ordnung in der Sitzung liegt dem Vorsitzenden ob.

§ 178. Parteien, Beschuldigte, Zeugen, Sachverständige oder bei der Verhandlung nicht betheiligte Personen, welche den zur Aufrechthaltung der Ordnung erlassenen Befehlen nicht gehorchen, können auf Beschluß des Gerichts aus dem Sitzungszimmer entfernt, auch zur Haft abgeführt und während einer in dem Beschlusse zu bestimmenden Zeit, welche vierundzwanzig Stunden nicht übersteigen darf, festgehalten werden.

§ 179. Das Gericht kann gegen Parteien, Beschuldigte, Zeugen, Sachverständige oder bei der Verhandlung nicht betheiligte Personen, welche sich in der Sitzung einer Ungebühr schuldig machen, vorbehaltlich der strafgerichtlichen Verfolgung, eine Ordnungsstrafe bis zu ein-

Bleiben beide Parteien aus, so ruht das Verfahren, bis die Ansetzung eines neuen Verhandlungstermins beantragt wird.

Anm. An Stelle von C.-P.-O. §§ 295, 296 und 228 Abs. 2. Vgl. §§ 38 Abs. 2, 41, 54 Abs. 2.

§ 38.

Die Partei, gegen welche ein Versäumnißurtheil erlassen ist, kann binnen der Nothfrist von drei Tagen seit der an sie bewirkten Zustellung des Urtheils die Erklärung abgeben, daß sie Einspruch einlege. Die Einlegung gilt mit der Einreichung der Erklärung oder mit der Abgabe derselben zum Protokolle des Gerichtsschreibers als bewirkt.

In dem Versäumnißurtheil ist der Partei zu eröffnen, in welcher Form und Frist ihr der Einspruch zusteht.

---

hundert Mark oder bis zu drei Tagen Haft festsetzen und sofort vollstrecken lassen.

§ 180. Das Gericht kann gegen einen bei der Verhandlung betheiligten Rechtsanwalt oder Vertheidiger, der sich in der Sitzung einer Ungebühr schuldig macht, vorbehaltlich der strafgerichtlichen oder disziplinaren Verfolgung, eine Ordnungsstrafe bis zu einhundert Mark festsetzen.

§ 181. Die Vollstreckung der vorstehend bezeichneten Ordnungsstrafen hat der Vorsitzende unmittelbar zu veranlassen.

§ 182. Die in den §§ 177—181 bezeichneten Befugnisse stehen auch einem einzelnen Richter bei der Vornahme von Amtshandlungen außerhalb der Sitzung zu.

§ 183. Ist in den Fällen der §§ 179, 180, 182 eine Ordnungsstrafe festgesetzt, so findet binnen der Frist von einer Woche nach der Bekanntmachung der Entscheidung Beschwerde statt, sofern die Entscheidung nicht von dem Reichsgerichte oder einem Oberlandesgerichte getroffen ist.

Die Beschwerde hat in dem Falle des § 179 keine aufschiebende Wirkung, in den Fällen des § 180 und des § 182 aufschiebende Wirkung.

Ueber die Beschwerde entscheidet das Oberlandesgericht.

§ 184. Ist eine Ordnungsstrafe wegen Ungebühr festgesetzt, oder eine Person zur Haft abgeführt, oder eine bei der Verhandlung betheiligte Person entfernt worden, so ist der Beschluß des Gerichts und dessen Veranlassung in das Protokoll aufzunehmen.

Nach Einlegung des Einspruchs hat der Vorsitzende einen neuen Verhandlungstermin anzusetzen.

Erscheint die Partei, welche den Einspruch eingelegt hat, auch in dem neuen Termine nicht, so gilt der Einspruch als zurückgenommen. Anderenfalls wird, sofern der Einspruch zulässig ist, der Prozeß in die Lage zurückversetzt, in welcher er sich vor Eintritt der Versäumniß befand.

Anm. An Stelle von C.-P.-O. §§ 303—305, 307, 310. Ueber Versäumung und Wiedereinsetzung in den vorigen Stand vgl. C.-P.-O. §§ 208—216.

Abs. 1. Der Zustellung eines Schriftsatzes an die Gegenpartei bedarf es also nicht. Vgl. § 42.

Abs. 4. Beim Nichterscheinen verbleibt es also bei dem Versäumnißurtheil.

---

§ 185. Wird eine strafbare Handlung in der Sitzung begangen, so hat das Gericht den Thatbestand festzustellen und der zuständigen Behörde das darüber aufgenommene Protokoll mitzutheilen. In geeigneten Fällen ist die vorläufige Festnahme des Thäters zu verfügen.

Gerichtssprache.

§ 186. Die Gerichtssprache ist die deutsche.

§ 187. Wird unter Betheiligung von Personen verhandelt, welche der deutschen Sprache nicht mächtig sind, so ist ein Dolmetscher zuzuziehen. Die Führung eines Nebenprotokolls in der fremden Sprache findet nicht statt; jedoch sollen Aussagen und Erklärungen in fremder Sprache, wenn und soweit der Richter dies mit Rücksicht auf die Wichtigkeit der Sache für erforderlich erachtet, auch in der fremden Sprache in das Protokoll oder in eine Anlage niedergeschrieben werden. In den dazu geeigneten Fällen soll dem Protokolle eine durch den Dolmetscher zu beglaubigende Uebersetzung beigefügt werden.

Die Zuziehung eines Dolmetschers kann unterbleiben, wenn die betheiligten Personen sämmtlich der fremden Sprache mächtig sind.

§ 188. Zur Verhandlung mit tauben oder stummen Personen ist, sofern nicht eine schriftliche Verständigung erfolgt, eine Person als Dolmetscher zuzuziehen, mit deren Hülfe die Verständigung in anderer Weise erfolgen kann.

§ 189. Ob einer Partei, welche taub ist, bei der mündlichen Verhandlung der Vortrag zu gestatten sei, bleibt dem Ermessen des Gerichts überlassen.

Dasselbe gilt in Anwaltsprozessen von einer Partei, die der deutschen Sprache nicht mächtig ist.

§ 190. Personen, welche der deutschen Sprache nicht mächtig sind, leisten Eide in der ihnen geläufigen Sprache.

§ 39.

Erscheinen die Parteien in dem Termine, so hat das Gewerbegericht thunlichst auf eine gütliche Erledigung des Rechtsstreites hinzuwirken. Es kann den Sühneversuch in jeder Lage des Verfahrens erneuern und hat denselben bei Anwesenheit der Parteien am Schlusse der Verhandlung zu wiederholen.

Der Inhalt eines vor dem Gericht abgeschlossenen Vergleichs ist durch Aufnahme in das Protokoll festzustellen. Die Feststellung ist den Parteien vorzulesen. In dem Protokoll ist zu bemerken, daß die Vorlesung stattgefunden hat und daß die Genehmigung erfolgt ist oder welche Einwendungen erhoben sind.

Anm. An Stelle von C.-P.-O. § 268. Vgl. noch C.-P.-O. §§ 146 Nr. 1, 148, 471.

Vgl. § 54 Abs. 3, § 71. Aus dem Vergleiche Zwangsvollstreckung § 56. Ueber Zurücknahme der Klage C.-P.-O. § 243, Verzicht und Anerkenntniß C.-P.-O. §§ 146, 277, 278.

§ 40.

Kommt ein Vergleich nicht zu Stande, so ist über den Rechtsstreit zu verhandeln. Die Leitung der Verhandlung liegt dem Vorsitzenden ob. Derselbe hat dahin zu wirken, daß die Parteien über alle erheblichen Thatsachen sich vollständig erklären, die Beweismittel für ihre Behauptungen bezeichnen und die sachdienlichen Anträge stellen. Derselbe kann jederzeit das persönliche Erscheinen der Parteien anordnen und für den Fall des Nichterscheinens

---

§ 191. Der Dolmetscher hat einen Eid dahin zu leisten:
daß er treu und gewissenhaft übertragen werde.

Ist der Dolmetscher für Uebertragungen der betreffenden Art im allgemeinen beeidigt, so genügt die Berufung auf den geleisteten Eid.

§ 192. Der Dienst des Dolmetschers kann von dem Gerichtsschreiber wahrgenommen werden. Einer besonderen Beeidigung bedarf es nicht.

§ 193. Auf den Dolmetscher finden die Bestimmungen über Ausschließung und Ablehnung der Sachverständigen entsprechende Anwendung. Die Entscheidung erfolgt durch das Gericht oder den Richter, von welchem der Dolmetscher zugezogen ist.

eine Geldstrafe bis zu einhundert Mark androhen. Gegen die Festsetzung der Strafe findet Beschwerde nach den Bestimmungen der Civilprozeßordnung statt.

Wird die Fortsetzung der Verhandlung in einem weiteren Termine nothwendig, insbesondere, weil eine erforderliche Beweisaufnahme nicht sofort bewirkt werden kann, so ist der weitere Termin alsbald zu verkünden. Der zur Beweisaufnahme vor dem Gerichte anberaumte Termin ist zugleich zur Fortsetzung der Verhandlung bestimmt.

Anm. An Stelle von C.-P.-O. §§ 127, 464, 335 Abs. 1. — Vgl. noch § 28 Abs. 3, §§ 53, 54 Abs. 4 und C.-P.-O. §§ 119, 246, 127—144, sowie die in den Anm. zu § 34 bezeichneten; Beschwerde §§ 530 ff. —

Abs. 2. C.-P.-O. §§ 335.

§ 41.

Erscheinen in einem zur Fortsetzung der Verhandlung bestimmten Termine die Parteien oder eine derselben nicht, so ist das Urtheil unter Berücksichtigung der bisherigen Verhandlungen, insbesondere einer etwaigen Beweisaufnahme, zu erlassen.

Das Gericht kann jedoch, sofern wegen eines neuen Vorbringens der erschienenen Partei oder aus einem anderen Grunde eine weitere Verhandlung angezeigt erscheint, zunächst die Anberaumung eines neuen Termins sowie eine etwa erforderliche Beweisaufnahme beschließen.

Erscheinen beide Parteien nicht, so kann das Gericht die Sache für ruhend erklären.

Erscheint in dem neuen Termin eine Partei nicht, so entscheidet das Gericht nach freiem Ermessen, inwieweit eine beantragte Beweisaufnahme zu bewirken oder ein neues thatsächliches Vorbringen der erschienenen Partei für zugestanden zu erachten und inwieweit eine von der Gegenpartei abzugebende Erklärung als verweigert oder ein früheres Vorbringen derselben als zurückgenommen anzusehen ist.

Anm. §§ 37, 38, 42. Das strenge, formale Princip der C.-P.-O. ist also hier verlassen.

§ 42.

Gegen ein auf Grund des § 41 ergangenes Urtheil steht der nicht erschienenen Partei der Einspruch (§ 38) zu, sofern sie durch Naturereignisse oder andere unabwendbare Zufälle am Erscheinen verhindert war. Dies ist der Partei in dem Urtheil zu eröffnen. Die Ansetzung des neuen Verhandlungstermins erfolgt nur, wenn ein Verhinderungsgrund der bezeichneten Art binnen der Einspruchsfrist glaubhaft gemacht ist.

Im Uebrigen gilt ein auf Grund des § 41 ergangenes Urtheil nicht als Versäumnißurtheil.

§ 43.

Die Beweisaufnahme erfolgt in der Regel vor dem Gewerbegericht. Sie kann nur in den Fällen der §§ 337, 340, 347, 399, 441 der Civilprozeßordnung dem Vorsitzenden des Gerichts oder mittelst Ersuchens einem Amtsgericht übertragen werden.

Die Beweisaufnahme ist auch dann zu bewirken, wenn die Parteien oder eine derselben in dem für die Beweisaufnahme bestimmten Termine nicht erscheinen.

Anm. An Stelle von C.-P.-O. §§ 320 Abs. 1 und 332 Abs. 1. Ueber Rechtshülfe vgl. § 60, über Beweisaufnahme ferner §§ 44, 45 und C.-P.-O. §§ 320—455.

§ 44.

Beschließt das Gericht die Vernehmung von Zeugen oder Sachverständigen, so sind dieselben, falls sie nicht von den Parteien zur Stelle gebracht sind, zu laden. Von der Ladung der Sachverständigen kann abgesehen werden, wenn schriftliche Begutachtung angeordnet wird.

Die Beeidigung der Zeugen und Sachverständigen erfolgt nur, wenn das Gericht die Beeidigung zur Herbeiführung einer wahrheitsgemäßen Aussage für nothwendig erachtet oder wenn eine Partei dieselbe beantragt. Die Bestimmungen, nach welchen die Beeidigung in gewissen

Fällen unzulässig ist (Civilprozeßordnung § 358), bleiben unberührt.

Anm. An Stelle von C.-P.-O. § 356.
Vgl. § 54 Abs. 4. Ladung §§ 30, 31, 33.

§ 45.

Ob die Leistung eines zugeschobenen oder zurückgeschobenen Eides durch bedingtes Urtheil oder durch Beweisbeschluß anzuordnen sei, bestimmt das Gericht nach freiem Ermessen.

Anm. An Stelle von C.-P.-O. § 425 Abs. 1, § 426.
Ein richterlicher Eid ist immer durch Endurtheil aufzuerlegen. C.-P.-O. § 439.

§ 46.

Erscheint der Schwurpflichtige in dem zur Leistung eines Eides bestimmten Termine nicht, so ist der Eid ohne weiteres als verweigert anzusehen. Dem Verfahren ist Fortgang zn geben.

Der Schwurpflichtige kann binnen einer Nothfrist von drei Tagen nach dem Termine sich zur nachträglichen Leistung des Eides erbieten. Auf ein inzwischen ergangenes Urtheil finden die Bestimmungen des § 647 der Civilprozeßordnung entsprechende Anwendung. Ein solches Urtheil ist, wenn der Eid nachträglich geleistet wird, insoweit aufzuheben, als es auf der Annahme der Eidesverweigerung beruht.

Erscheint der Schwurpflichtige auch in dem zur nachträglichen Eidesleistung bestimmten Termine nicht, so findet ein nochmaliges Erbieten zur Eidesleistung nicht statt.

Anm. An Stelle von C.-P.-O. § 430.

Abs. 1. Ein Versäumnißurtheil (wie im Falle § 430 C.-P.-O.) wird hier nicht erlassen, das Verfahren leidet dadurch also keine Hemmung.

Abs. 2. Im Falle einer entschuldbaren Versäumniß dieser Frist bietet sich die Wiedereinsetzung in den vorigen Stand. C.-P.-O. §§ 214—216.

§ 47.

Ueber die Verhandlung vor dem Gewerbegericht ist ein Protokoll aufzunehmen. Dasselbe ist von dem Vorsitzenden und dem Gerichtsschreiber zu unterzeichnen.

Anm. An Stelle von C.=P.=O. § 145 Abs. 1 und § 149.

§ 48.

Das Urtheil ist in dem Termine, in welchem die Verhandlung geschlossen wird, zu verkünden. Ist dies nicht ausführbar, so erfolgt die Verkündung in einem sofort anzuberaumenden Termine, welcher nicht über drei Tage hinaus anberaumt werden soll.

Die Wirksamkeit der Verkündung des Urtheils ist von der Anwesenheit der Parteien und der Beisitzer nicht abhängig.

Anm. An Stelle der C.=P.=O. §§ 281—283. Ueber Protokollirung C.=P.=O. § 146 Nr. 6. Ueber Aufnahme eines Vergleichs vgl. § 39.

§ 49.

Aus dem Urtheile müssen ersichtlich sein:

1. die Mitglieder des Gerichts, welche bei der Entscheidung mitgewirkt haben,
2. die Parteien,
3. das Sach= und Streitverhältniß in gedrängter Darstellung nebst den wesentlichen Entscheidungsgründen,
4. der Spruch des Gerichts in der Hauptsache und in Betreff der Kosten. Der Betrag der letzteren soll, soweit er sofort zu ermitteln ist, im Urtheil festgesetzt werden.

Das Urtheil ist von dem Vorsitzenden zu unterzeichnen.

Anm. An Stelle von C.=P.=O. § 248; s. noch C.=P.=O. §§ 272 bis 312. Wegen des Versäumnißurtheils vgl. ferner § 38 Abs. 2.

Satz 2 der Nr. 4 wird meist ein besonderes Kostenfestsetzungsverfahren überflüssig machen. Ueber die gerichtlichen Kosten vgl. § 57, über die außergerichtlichen § 52.

§ 50.

Ein über den Grund des Anspruches vorab entscheidendes Zwischenurtheil ist in Betreff der Rechtsmittel nicht als Endurtheil anzusehen.

Anm. An Stelle von C.-P.-O. § 276. Das Zwischenurtheil ist also nicht durch Berufung anfechtbar und hemmt nicht die Fortsetzung der Verhandlung über den Betrag des Anspruchs.

§ 51.

Erfolgt die Verurtheilung auf Vornahme einer Handlung, so ist der Beklagte zugleich auf Antrag des Klägers für den Fall, daß die Handlung nicht binnen einer zu bestimmenden Frist vorgenommen ist, zur Zahlung einer nach dem Ermessen des Gerichtes festzusetzenden Entschädigung zu verurtheilen.

In diesem Falle ist die Zwangsvollstreckung in Gemäßheit der §§ 773, 774 der Civilprozeßordnung ausgeschlossen.

Anm. An Stelle von C.-P.-O. § 778.
Die Vorschrift will an Stelle direkter Vollstreckungsmaßregeln den Anspruch auf Schadensersatz ohne Anstellung einer neuen Klage auf dem kürzesten Wege zur Durchführung bringen (Mot.).

§ 52.

Die Verpflichtung der unterliegenden Partei, die Kosten des Rechtsstreits zu tragen, erstreckt sich auf die Erstattung der dem Gegner durch die Zuziehung eines Prozeßbevollmächtigten oder Beistandes entstandenen Auslagen nur unter der Voraussetzung, daß die Zuziehung durch besondere Umstände gerechtfertigt war, und nur in Ansehung des Betrages, welchen das Gericht für angemessen erachtet.

Auf Antrag kann der obsiegenden Partei für die ihr durch das Erscheinen bei dem Gericht entstandenen Versäumnisse in dem Urtheil eine Entschädigung zugebilligt werden.

Anm. An Stelle von C.-P.-O. § 87 Abs. 2. Die Entscheidungen sind nach § 55 Abs. 1 nicht anfechtbar. Wegen der Kostenfestsetzung vgl. § 49 Nr. 4 und C.-P.-O. §§ 98—100. Ueber Nichtzulassung von Rechtsanwälten u. a. s. § 29.

§ 53.

Die nicht auf Grund einer mündlichen Verhandlung ergehenden Beschlüsse und Verfügungen werden, soweit nicht ein anderes bestimmt ist, von dem Vorsitzenden allein erlassen.

Im Uebrigen sind für die Befugnisse des Vorsitzenden und der Beisitzer die Vorschriften über das landgerichtliche Verfahren maßgebend.

In Bezug auf die Berathung und Abstimmung finden die Vorschriften der §§ 194—200*) des Gerichtsverfassungsgesetzes entsprechende Anwendung.

Abs. 1. Vgl. C.-P.-O. §§ 46, 97, 99, 160, 187, 203, 225, 290, 345, 346, 371, 451 u. a.

---

*) Die angezogenen Vorschriften lauten:

§ 194. Bei Entscheidungen dürfen Richter nur in der gesetzlich bestimmten Anzahl mitwirken.

Bei Verhandlungen von längerer Dauer kann der Vorsitzende die Zuziehung von Ergänzungsrichtern anordnen, welche der Verhandlung beizuwohnen und im Falle der Verhinderung eines Richters für denselben einzutreten haben.

Die vorstehenden Bestimmungen finden auch auf Schöffen und Geschworene Anwendung.

§ 195. Die Berathung und Abstimmung des Gerichts erfolgt nicht öffentlich.

Diese Vorschrift steht der Zulassung der bei dem Gerichte zu ihrer juristischen Ausbildung beschäftigten Personen nicht entgegen.

§ 196. Der Vorsitzende leitet die Berathung, stellt die Fragen, und sammelt die Stimmen.

Meinungsverschiedenheiten über den Gegenstand, die Fassung und die Reihenfolge der Fragen oder über das Ergebniß der Abstimmung entscheidet das Gericht.

§ 197. Kein Richter, Schöffe oder Geschworener darf die Abstimmung über eine Frage verweigern, weil er bei der Abstimmung über eine vorhergegangene Frage in der Minderheit geblieben ist.

§ 198. Die Entscheidungen erfolgen, soweit das Gesetz nicht ein Anderes bestimmt, nach der absoluten Mehrheit der Stimmen.

Bilden sich in Beziehung auf Summen, über welche zu entscheiden ist, mehr als zwei Meinungen, deren keine die Mehrheit für sich hat, so werden die für die größte Summe abgegebenen Stimmen den für die zunächst geringere abgegebenen so lange hinzugerechnet, bis sich eine Mehrheit ergiebt.

Bilden sich in einer Strafsache, von der Schuldfrage abgesehen, mehr als zwei Meinungen, deren keine die Mehrheit für sich hat, so werden die dem Beschuldigten nachtheiligsten Stimmen den zunächst minder nachtheiligen so lange hinzugerechnet, bis sich eine Mehrheit ergiebt.

§ 199. Die Reihenfolge bei der Abstimmung richtet sich nach dem Dienstalter, bei den Schöffengerichten und den Kammern für Handelssachen nach dem Lebensalter; der Jüngste stimmt zuerst, der Vorsitzende zuletzt. Wenn ein Berichterstatter ernannt ist, so giebt dieser seine Stimme zuerst ab.

Bei der Abstimmung der Geschworenen richtet sich die Reihenfolge nach der Ausloosung. Der Obmann stimmt zuletzt.

§ 200. Schöffen und Geschworene sind verpflichtet, über den Hergang bei der Berathung und Abstimmung Stillschweigen zu beobachten.

§ 54.

In dem ersten auf die Klage angesetzten Termine kann die Zuziehung der Beisitzer unterbleiben.

Erscheint in dem Termine nur eine der Parteien, so erläßt auf Antrag derselben der Vorsitzende das Versäumnißurtheil.

Erscheinen beide Parteien, so hat der Vorsitzende einen Sühneversuch vorzunehmen. Kommt ein Vergleich zu Stande, so ist derselbe in Gemäßheit des § 39 Absatz 2 im Protokoll festzustellen. Das Gleiche gilt, wenn die Klage zurückgenommen oder wenn auf den Klageanspruch verzichtet oder wenn derselbe anerkannt wird; in diesen Fällen hat, sofern beantragt wird, die Rechtsfolgen durch Urtheil auszusprechen, der Vorsitzende das Urtheil zu erlassen.

Bleibt die Sache in dem Termine streitig, so hat der Vorsitzende die Entscheidung zu erlassen, wenn dieselbe sofort erfolgen kann und beide Parteien sie beantragen. Anderenfalls ist ein neuer Verhandlungstermin, zu welchem die Beisitzer zuzuziehen sind, anzusetzen und sofort zu verkünden. Zeugen und Sachverständige, deren Vernehmung der Vorsitzende für erforderlich erachtet, sind zu diesem Termine zu laden.

Anm. Abs. 1. Vgl. § 34. Dem Vorsitzenden ist überlassen, zu entscheiden, für welche Sache er einen ersten Termin ohne Beisitzer ansetzen will, und welche er sofort vor das vollbesetzte Gericht verweist (Kom.-Ber. S. 23).

„Auch soweit die Entscheidung durch den Vorsitzenden allein erfolgt, gilt sie als Entscheidung des Gewerbegerichts und steht insbesondere hinsichtlich der Rechtsmittel einer Entscheidung, welche unter Zuziehung der Beisitzer ergangen ist, gleich." (Mot.)

Abs. 2. Vgl. §§ 37, 38.

Abs. 3. Vgl. §§ 39, 56.

Abs. 4. Vgl. §§ 40, 41.

§ 55.

In den vor die Gewerbegerichte gehörigen Rechtsstreitigkeiten finden die Rechtsmittel statt, welche in den zur Zuständigkeit der Amtsgerichte gehörigen bürgerlichen Rechtsstreitigkeiten zulässig sind. Die Berufung ist jedoch nur zulässig, wenn der Werth des Streitgegenstandes den Betrag von einhundert Mark übersteigt. Entscheidungen über die Festsetzung der Kosten einschließlich der gemäß § 52 ergangenen sind nicht anfechtbar.

Als Berufungs- und Beschwerdegericht ist das Landgericht, in dessen Bezirke das Gewerbegericht seinen Sitz hat, zuständig.

Ist für das Rechtsmittel gegen eine Entscheidung des Gewerbegerichts eine Nothfrist bestimmt, so beginnt diese für jede Partei mit der an sie bewirkten Zustellung und, sofern auf die Zustellung verzichtet war (§ 30 Absatz 2), mit der Verkündung der Entscheidung. Im Uebrigen richtet sich die Einlegung des Rechtsmittels und das Verfahren in der Rechtsmittelinstanz nach den Vorschriften der Civilprozeßordnung. Die Bestimmung in § 532 Absatz 2 der Civilprozeßordnung über die Einlegung der Beschwerde in den bei einem Amtsgericht anhängigen oder anhängig gewesenen Sachen findet entsprechende Anwendung.

Anm. Es kommen hier nur die Rechtsmittel der Berufung und der Beschwerde in Frage. Kosten § 59.

Ueber die Werthsberechnung s. C.-P.-O. §§ 3—9, nach welchen auch in den Fällen, wo z. B. über die Aushändigung oder den Inhalt eines Arbeitsbuches oder Zeugnisses gestritten wird, durch freie

Würdigung des Gerichts der Werth des Streitgegenstandes festzusetzen ist. — Vgl. auch § 56 Abs. 2.

Für die Zulässigkeit der Berufung kommt nur der für die erste Instanz festgestellte Werth des Streitgegenstandes in Betracht, nicht auch der Werth des Berufungsgegenstandes; letzterer kann also auch geringer als 100 Mark sein.

Das Berufungsverfahren unterliegt gemäß C.-P.-O. § 74 dem Anwaltszwang. Die Berufungsfrist beträgt nach C.-P.-O. § 477 einen Monat; sie ist eine Nothfrist.

Beschwerden gegen Entscheidungen des Gewerbegerichts sind in allen Fällen frei vom Anwaltszwang. Die bezüglichen Vorschriften der C.-P.-O. über die Beschwerde sind am Schluß des Anhangs I abgedruckt.

§ 56.

Aus den Endurtheilen der Gewerbegerichte, welche rechtskräftig oder für vorläufig vollstreckbar erklärt sind, sowie aus den Vergleichen, welche nach Erhebung der Klage vor dem Gewerbegerichte geschlossen sind, findet die Zwangsvollstreckung statt.

Die der Berufung oder dem Einspruch unterliegenden Urtheile sind von Amtswegen für vorläufig vollstreckbar zu erklären, wenn sie die in Nummer 1 des § 3 bezeichneten Streitigkeiten betreffen oder der Gegenstand der Verurtheilung an Geld oder Geldeswerth die Summe von 300 Mark nicht übersteigt.

Die vorläufige Vollstreckbarkeit ist nicht auszusprechen, wenn glaubhaft gemacht wird, daß die Vollstreckung dem Schuldner einen nicht zu ersetzenden Nachtheil bringen würde; auch kann sie von einer vorgängigen Sicherheitsleistung abhängig gemacht werden.

Im Uebrigen finden auf die Zwangsvollstreckung sowie auf den Arrest und die einstweiligen Verfügungen die Vorschriften im achten Buche der Civilprozeßordnung Anwendung. Die für den Beginn der Zwangsvollstreckung erforderlichen Zustellungen (§§ 671, 672 der Civilprozeßordnung) sind, soweit sie nicht bereits vorher erfolgt sind, auf Antrag des Gläubigers durch das Gewerbegericht zu bewirken.

Anm. An Stelle von C.-P.-O. §§ 644, 649, 651, 652 Abs. 1

Vgl. §§ 46 Abs. 2, 51. Wegen des Werths des Streitgegenstandes C.-P.-O. §§ 3—9.

Abs. 2, 3. Vgl. § 72 Abs. 2 u. C.-P.-O. §§ 648, 650 ff. u. 266.

Abs. 4. „Als Vollstreckungsgericht im Sinne des § 684 der C.-P.-O. ist nicht das Gewerbegericht, sondern das Amtsgericht zuständig. Nur soweit es sich um Entscheidungen handelt, welche im Laufe der Zwangsvollstreckung von dem Prozeßgericht als solchem zu erlassen sind, gehören dieselben zur Zuständigkeit des Gewerbegerichts. Daß nur in den letzteren Fällen die besonderen Vorschriften über das gewerbegerichtliche Verfahren Platz greifen, ergiebt sich ohne Weiteres" (Mot.). Vgl. C.-P.-O. §§ 700, 773 ff.

Ueber die Kosten § 59.

§ 57.

Für die Verhandlung des Rechtsstreites vor den Gewerbegerichten wird eine einmalige Gebühr nach dem Werthe des Streitgegenstandes erhoben.

Dieselbe beträgt bei einem Gegenstand im Werthe

bis 20 Mk. einschließlich	1,00 Mk.,
von mehr als 20 Mk. bis 50 Mk. einschließlich	1,50 „
von mehr als 50 Mk. bis 100 Mk. einschließlich	3,00 „

Die ferneren Werthsklassen steigen um je 100 Mk., die Gebühren um je 3 Mk. Die höchste Gebühr beträgt 30 Mk.

Wird der Rechtsstreit durch Versäumnißurtheil oder durch eine auf Grund eines Anerkenntnisses oder einer Zurücknahme der Klage erlassene Entscheidung erledigt, ohne daß eine kontradiktorische Verhandlung vorhergegangen war, so wird eine Gebühr in Höhe der Hälfte der oben bezeichneten Sätze erhoben.

Wird ein zur Beilegung des Rechtsstreits abgeschlossener Vergleich aufgenommen, so wird eine Gebühr nicht erhoben, auch wenn eine kontradiktorische Verhandlung vorausgegangen war.

Schreibgebühren kommen nicht in Ansatz. Für Zustellungen werden baare Auslagen nicht erhoben. Im Uebrigen findet die Erhebung der Auslagen nach Maßgabe des § 79 des Gerichtskostengesetzes statt. Der § 2 desselben findet Anwendung.

Durch das Statut (§ 1 Absatz 2 bis 4) kann vorgeschrieben werden, daß Gebühren und Auslagen in geringerem Betrage oder gar nicht erhoben werden.

Anm. Eine prozessuale Beschwerde findet gegen die Kostenerhebung nicht statt, vgl. § 55 Abs. 1 Satz 3 und § 49 Nr. 4.

Nach Abs. 1 soll für das gesammte Verfahren bis zur Zwangsvollstreckung (§ 59), einschließlich der Kostenfestsetzung, des Verfahrens nach § 51 und der abermaligen Verhandlung in Folge Zurückverweisung der Sache durch das höhere Gericht, nur eine einzige Bauschgebühr erhoben werden, welche also jede sonstige Vergütung ausschließt.

Die Gebührenerhebung knüpft sich an „die Verhandlung des Rechtsstreits" (vgl. §§ 34, 37, 40, 48 u. a.) an, ohne Rücksicht, ob sie kontradiktorisch ist oder eine Entscheidung ergeht (vgl. §§ 37 Abs. 3 und 41). Die Gebühr erwächst daher erst (aber auch schon) mit dem Beginn der Verhandlung des Rechtsstreits in der Hauptsache. Als volle Gebühr soll sie nach den Motiven nur im Falle der kontradiktorischen Verhandlung zum Ansatz kommen, was allerdings aus der Wortfassung von Abs. 1, 2, allein nicht nothwendig zu folgern ist. Erledigt sich das Verfahren vor der Verhandlung, z. B. durch Klagerücknahme, so kann eine Gebühr nicht erhoben werden.

Der Werth des Streitgegenstandes bestimmt sich nach C.-P.-O. §§ 3–9.*)

Abs. 3 läßt eine Ermäßigung der Gebühr des Abs. 1 in drei bestimmten Fällen eintreten. Wegen des Versäumnißurtheils vgl. §§ 37, 38, § 54 Abs. 2, wegen der anderen Fälle § 54 Abs. 3 sowie C.-P.-O. § 146 Nr. 1, §§ 243, 277, 278. (Der Verzicht ist für die Gebühr also nicht dem Anerkenntniß gleichgestellt, durch die dann meist erfolgende Klagerücknahme wird aber die gleiche Gebührenermäßigung herbeigeführt werden.)

Kontradiktorisch wird auch im Sinne dieser Vorschrift gemäß § 19 des Gerichtskostengesetzes eine Verhandlung nur dann sein, wenn von beiden Parteien einander widersprechende Anträge gestellt werden.

Ein Anerkenntniß liegt nach reichsgerichtlicher Entscheidung dann nicht vor, wenn Beklagter seine Verpflichtung zwar zugesteht, aber doch den Antrag auf Abweisung der Klage stellt. Bei Zurücknahme der Klage nach begonnener Verhandlung des Rechtsstreits, kann also die Ermäßigung des Abs. 2 nur dann Platz greifen, wenn Entscheidung wegen der Kosten (C.-P.-O. § 243) ergeht.

Wird der Rechtsstreit theils durch sofortiges Anerkenntniß theils durch Urtheil nach kontradiktorischer Verhandlung erledigt,

---

*) Eine ausführlichere Darstellung und Erläuterung dieser Vorschriften unter eingehender Berücksichtigung der Rechtsprechung enthält der Commentar zum Gerichtskostengesetz: „Das deutsche Gerichtskostenwesen" von C. Pfafferoth, 4. Auflage, Berlin, Carl Heymanns Verlag.

so dürfte, obgleich § 12 des Gerichtskostengesetzes nicht ausdrücklich für anwendbar erklärt worden ist, der Wortlaut nicht entgegenstehen, analog jener Vorschrift auch hier eine getrennte Liquidation nach dem vollen und halben Satz je nach dem bezüglichen Betrage des Gegenstandes eintreten zu lassen, allerdings nur insoweit, als dadurch nicht etwa die Summe der beiden Gebühren den Betrag der vom ganzen Objekt nach dem vollen Satze zu berechnenden Gebühr übersteigt. Werden z. B. bei einem Prozesse über 120 M. 30 M. alsbald anerkannt und die übrigen 90 M. durch Urtheil zugesprochen, so würden statt 6 M. Gebühr von 120 M. nur die volle Gebühr von 90 M. mit 3 M. und die halbe von 30 M. mit 0,75 M., zusammen also 3,75 M. zu erheben sein. Dagegen könnte, wenn das Anerkenntniß sich auf 10 M. und das Urtheil auf 110 M. erstreckt, nur einmal die volle Gebühr von 120 M. mit 6 M. in Ansatz kommen, da bei getheilter Berechnung ein höherer Betrag, nämlich 6 + 0,50 = 6,50 M. sich ergäbe.

Abs. 4. Zum Wesen des **Vergleichs** gehört, daß durch **gegenseitiges** Nachgeben ein streitiges oder sonst zweifelhaftes Rechtsverhältniß zu einem unzweifelhaften gemacht wird. Nach reichsgerichtlicher Auffassung liegt ein Vergleich auch dann vor, wenn Beklagter gegen die ihm vom Kläger eingeräumte Stundung bezw. Bewilligung von Theilzahlungen die bisherige Bestreitung der klägerischen Forderung aufgiebt bezw. die Prozeßkosten zu tragen sich verpflichtet; **nicht** aber auch dann, wenn Kläger vor der Verhandlung zur Hauptsache **nur** erklärt, die Klage unter Kostenübernahme zurückzunehmen und Beklagter die Rücknahme genehmigt.

Abs. 5. An **baaren Auslagen** können danach nur angesetzt werden:

1. die Post- und Telegraphengebühren;
2. die durch Einrückung einer Bekanntmachung in öffentliche Blätter entstehenden Kosten;
3. die an Zeugen und Sachverständige zu zahlenden Gebühren;
4. die bei Geschäften außerhalb der Gerichtsstelle den Gerichtsbeamten zustehenden Tagegelder und Reisekosten;
5. die an andere Behörden oder Beamte (z. B. Kalkulatoren, Konsuln, Gesandte u. a.) für deren Thätigkeit zu zahlenden Beträge;
6. die Kosten eines Transports von Personen.

Für Zustellungen aller Art, daher auch für bloße Behändigungen Anm. zu § 30), können Post- und Telegraphengebühren aber in keinem Falle zum Ansatz kommen, ebensowenig Insertionsgebühren bei öffentlichen Zustellungen.

„Die im Falle der Postzustellung der Post zu entrichtende Zustellungsgebühr, sowie die dem Zustellungsbeamten etwa zu gewährende Vergütung fällt der Gemeindekasse zur Last" (Mot.).

§ 2 des Gerichtskostengesetzes lautet:

Eine Erhebung von Stempeln und anderen Abgaben neben den Gebühren findet nicht statt.

Urkunden, von denen im Verfahren Gebrauch gemacht wird, sind nur insoweit einem Stempel oder einer anderen Abgabe unterworfen, als sie es ohne diesen Gebrauch sein würden.

Urkunden, welche im Verfahren errichtet werden, bleiben, soweit ihr Inhalt über den Gegenstand des Verfahrens hinausgeht, den allgemeinen Vorschriften über Erhebung von Stempeln und anderen Abgaben unterworfen.

Absatz 3 bezieht sich z. B. auf die Fälle, wo durch einen Vergleich an Stelle des streitig gewesenen Rechtsverhältnisses ein anderes neu festgesetzt oder wo ein Vergleich sich auf Ansprüche, die nicht Gegenstand des Rechtsstreits waren, mit erstreckt.

Prozeßvollmachten sind nur insoweit stempelpflichtig, als sie es nach landesrechtlicher Vorschrift auch ohne Gebrauch vor Gericht sein würden; in Preußen alle im Inlande aufgenommene, sofern der Gegenstand nicht weniger als 150 Mark beträgt.

Die Ausnahmen, welche durch §§ 100, 101 des Gerichtskostengesetzes bezüglich der Registrirgebühr und des die Gerichtsgebühr übersteigenden Mehrbetrags der landesgesetzlichen Abgabe für Vergleiche oder Entscheidungen auf Grund eines Anerkenntnisses oder Verzichts festgesetzt sind, können im Verfahren vor den Gewerbegerichten mangels besonderer Bestimmung nicht Platz greifen.

Gebührentarif.

Bei einem Werthe des Streitgegenstandes		beträgt die	
von mehr als	bis einschließlich	volle Gebühr	halbe Gebühr (im Falle des Abs. 3)
ℳ	ℳ	ℳ	ℳ
—	20	1	0,50
20	50	1,50	0,75
50	100	3	1,50
100	200	6	3
200	300	9	4,20
300	400	12	6
400	500	15	7,50
500	600	18	9
600	700	21	10,50
700	800	24	12
800	900	27	13,50
900	—	30	15

§ 58.

Schuldner der entstandenen Gebühren und Auslagen ist derjenige, welchem durch die gerichtliche Entscheidung die Kosten auferlegt sind, oder welcher dieselben durch eine vor dem Gewerbegericht abgegebene oder diesem mitgetheilte Erklärung übernommen hat, und in Ermangelung einer solchen Entscheidung oder Uebernahme derjenige, welcher das Verfahren beantragt hat.

Die Einziehung der Gerichtskosten erfolgt nach den für die Einziehung der Gemeindeabgaben geltenden Vorschriften.

Anm. „Der § 58 wiederholt im Absatz 1 die Bestimmungen des § 86 Absatz 1 und des § 89 Absatz 1 des Gerichtskostengesetzes. Von der Erhebung eines Kostenvorschusses kann, vorbehaltlich der Vorschrift im § 344 der Civilprozeßordnung, abgesehen werden" (Mot.).

Für die Gebühr und Auslagen des § 57 ist die Entscheidung des Gewerbegerichts auch dann maßgebend, wenn sie demnächst angefochten und in höherer Instanz geändert wird. Eine neue Kostenentscheidung kann dann nur auf die Erstattungspflicht zwischen den Parteien von Einfluß sein. Ueber das Verhältniß zwischen den Parteien vgl. im Uebrigen § 52 und C.-P.-O. §§ 87 bis 100. Werden laut C.-P.-O. §§ 88, 93 die Kosten gegeneinander aufgehoben, so bleibt noch zu bestimmen, wer die Gerichtskosten zu tragen hat. Gebührenfreiheit ist nicht gewährt.

Die Fälligkeit der Gebühr wird schon nach Verhandlung des Rechtsstreits, spätestens bei Erledigung des Verfahrens vor dem Gewerbegericht eintreten.

Abs. 2. Vgl. § 8 Abs. 2.

§ 59.

Die Kosten der Rechtsmittel und der Zwangsvollstreckung bestimmen sich nach den für die ordentlichen Gerichte maßgebenden Vorschriften. Das Gesuch um Festsetzung der Kosten zweiter Instanz ist bei dem Landgerichte anzubringen.

Die Gebührenordnung für Zeugen und Sachverständige findet in dem Verfahren vor den Gewerbegerichten Anwendung.

Anm. Abs. 1. Siehe Gerichtskostengesetz vom 18. Juni 1878 (R.-G.-Bl. S. 141) und Novelle dazu vom 29. Juni 1881 (R.-G.-Bl.

S. 178) und Gebührenordnung für Gerichtsvollzieher vom 24. Juni 1878 (R.=G.=Bl. S. 166) nebst Novelle. — „Das deutsche Gerichtskostenwesen" von C. Pfafferoth, 4. Aufl., Berlin, Carl Heymanns Verlag.

Die allgemein für anwendbar erklärten Gebührenvorschriften werden auch in den Fällen Platz greifen müssen, in welchen das Gewerbegericht mit der Zwangsvollstreckung befaßt wird, z. B. § 56 Abs. 4 und C.=P.=O. §§ 664, 669, 700, 773 ff., nicht aber auch bei Erlaß von Arrestbefehlen oder einstweiligen Verfügungen, da diese nicht als Akte der Zwangsvollstreckung gelten (§ 56 Abs. 4) und in § 57 dafür keine besondere Gebühr vorgesehen ist.

Abs. 2. Die Gebührenordnung ist als Anhang II abgedruckt.

§ 60.

Die ordentlichen Gerichte haben den Gewerbegerichten nach Maßgabe der Bestimmungen*) des Gerichtsverfassungsgesetzes Rechtshülfe zu leisten.

---

*) Die betreffenden Bestimmungen des Gerichtsverfassungsgesetzes lauten:

§ 157. Die Gerichte haben sich in bürgerlichen Rechtsstreitigkeiten und in Strafsachen Rechtshülfe zu leisten.

§ 158. Das Ersuchen um Rechtshülfe ist an das Amtsgericht zu richten, in dessen Bezirke die Amtshandlung vorgenommen werden soll.

§ 159. Das Ersuchen darf nicht abgelehnt werden.

Das Ersuchen eines nicht im Instanzenzuge vorgesetzten Gerichts ist jedoch abzulehnen, wenn dem ersuchten Gerichte die örtliche Zuständigkeit mangelt, oder die vorzunehmende Handlung nach dem Rechte des ersuchten Gerichts verboten ist.

§ 160. Wird das Ersuchen abgelehnt, oder wird der Vorschrift des § 159 Abs. 2 zuwider dem Ersuchen stattgegeben, so entscheidet das Oberlandesgericht, zu dessen Bezirke das ersuchte Gericht gehört. Eine Anfechtung dieser Entscheidung findet nur statt, wenn dieselbe die Rechtshülfe für unzulässig erklärt, und das ersuchende und das ersuchte Gericht den Bezirken verschiedener Oberlandesgerichte angehören. Ueber die Beschwerde entscheidet das Reichsgericht.

Die Entscheidungen erfolgen auf Antrag der Betheiligten oder des ersuchenden Gerichts ohne vorgängige mündliche Verhandlung.

§ 161. Die Herbeiführung der zum Zwecke von Vollstreckungen, Ladungen und Zustellungen erforderlichen Handlungen erfolgt nach Vorschrift der Prozeßordnungen ohne Rücksicht darauf, ob die Handlungen in dem Bundesstaate, welchem das Prozeßgericht angehört, oder in einem anderen Bundesstaate vorzunehmen sind.

Dritter Abschnitt.

Thätigkeit des Gewerbegerichts als Einigungsamt.

§ 61.

Das Gewerbegericht kann in Fällen von Streitigkeiten, welche zwischen Arbeitgebern und Arbeitern über die Bedingungen der Fortsetzung oder Wiederaufnahme des Arbeitsverhältnisses entstehen, als Einigungsamt angerufen werden.

Vgl. § 81 Abs 1.

§ 62.

Der Anrufung ist Folge zu geben, wenn sie von beiden Theilen erfolgt und die betheiligten Arbeiter und

---

§ 162. Gerichte, Staatsanwaltschaften und Gerichtsschreiber können wegen Ertheilung eines Auftrags an einen Gerichtsvollzieher die Mitwirkung des Gerichtsschreibers des Amtsgerichts in Anspruch nehmen, in dessen Bezirke der Auftrag ausgeführt werden soll. Der von dem Gerichtsschreiber beauftragte Gerichtsvollzieher gilt als unmittelbar beauftragt.

§ 165. Im Falle der Rechtshülfe unter den Behörden verschiedener Bundesstaaten sind die baaren Auslagen, welche durch eine Ablieferung oder Strafvollstreckung entstehen, der ersuchten Behörde von der ersuchenden zu erstatten.

Im übrigen werden Kosten der Rechtshülfe von der ersuchenden Behörde nicht erstattet.

Ist eine zahlungspflichtige Partei vorhanden, so sind die Kosten von derselben durch die ersuchende Behörde einzuziehen und der eingezogene Betrag der ersuchten Behörde zu übersenden.

Stempel-, Einregistrirungsgebühren oder andere öffentliche Abgaben, welchen die von der ersuchenden Behörde übersendeten Schriftstücke (Urkunden, Protokolle) nach dem Rechte der ersuchten Behörde unterliegen, bleiben außer Ansatz.

§ 166. Für die Höhe der den geladenen Zeugen und Sachverständigen gebührenden Beträge sind die Bestimmungen maßgebend, welche bei dem Gerichte gelten, vor welches die Ladung erfolgt.

Sind die Beträge nach dem Rechte des Aufenthaltsorts der geladenen Personen höher, so können die höheren Beträge gefordert werden.

Bei weiterer Entfernung des Aufenthaltsorts der geladenen Personen ist denselben auf Antrag ein Vorschuß zu bewilligen.

Arbeitgeber — letztere sofern ihre Zahl mehr als drei beträgt — Vertreter bestellen, welche mit der Verhandlung vor dem Einigungsamt beauftragt werden.

Als Vertreter können nur Betheiligte bestellt werden, welche das fünfundzwanzigste Lebensjahr vollendet haben, sich im Besitze der bürgerlichen Ehrenrechte befinden und nicht durch gerichtliche Anordnung in der Verfügung über ihr Vermögen beschränkt sind.

Soweit Arbeiter in diesem Alter nicht, oder nicht in genügender Anzahl vorhanden sind, können jüngere Vertreter zugelassen werden.

Die Zahl der Vertreter jedes Theiles soll in der Regel nicht mehr als drei betragen. Das Einigungsamt kann eine größere Zahl von Vertretern zulassen.

Ob die Vertreter für genügend legitimirt zu erachten sind, entscheidet das Einigungsamt nach freiem Ermessen.

Anm. Abs. 1. Nach den Mot. ist es nicht ausgeschlossen, daß bei drohenden Arbeitsausstellungen das Gewerbegericht oder dessen Vorsitzender die Arbeitgeber und Arbeiter zur Anrufung zu veranlassen sucht, oder, wenn der eine Theil das Gewerbegericht angerufen hat, den anderen Theil zu gleicher Anrufung auffordert.

Daß die Parteien zuvor ihre Unterwerfung unter den etwa ergehenden Schiedsspruch erklären, ist nicht erforderlich.

Abs. 2. Vgl. § 10 bezw. G.-V.-G. § 32.

Abs. 3. Wo für die Arbeitgeber und Arbeiter organisirte Vereinigungen bestehen, werden die Organe derselben oder die nach den Statuten gewählten besonderen Vertreter sich leicht als solche legitimiren können. Wo solche Vereinigungen nicht bestehen, wird sich für die Vertreter der meist weniger zahlreichen Arbeitgeber die Legitimation leicht durch schriftliche Vollmacht erbringen lassen. In manchen Fällen, z. B. bei Arbeitseinstellungen, die sich auf eine einzelne Fabrik beschränken, wird letzteres auch für die Vertreter der Arbeiter geschehen können. Um Uebrigen wird die Wahl der Vertreter der Arbeiter in der Regel in einer öffentlichen Versammlung erfolgen, und die darüber in den öffentlichen Blättern erscheinenden Berichte werden meist genügen, um sowohl den betheiligten Arbeitgebern wie dem Einigungsamt selbst ein Urtheil über die Legitimation der als Vertreter auftretenden Personen zu ermöglichen (Mot.).

Auf eine Anregung im Reichstag, die Legitimation immer, aber auch nur dann als genügend zu erachten, wenn die einen die anderen als Vertreter ihrer Partei anerkennen, wurde betont, es würde dem Frieden der Parteien sehr dienlich sein, wenn das Einigungsamt seine

Thätigkeit schon dann beginnen könne, wenn ein Nachweis des Auftrages noch nicht nach allen juristischen Regeln erbracht werden könne, einerseits um das Anrufen des Einigungsamtes zu erleichtern, andererseits auch um dem Einigungsamt die Möglichkeit zu eröffnen, seinerseits auf das Beibringen der Legitimation hinzuwirken (Komm.-Ber. S. 31).

§ 63.

Das Gewerbegericht, welches als Einigungsamt thätig wird, soll neben dem Vorsitzenden mit vier Beisitzern, Arbeitgeber und Arbeiter in gleicher Zahl, besetzt sein. Die Zuziehung der Beisitzer erfolgt, sofern durch das Statut nicht Anderes bestimmt ist, durch den Vorsitzenden.

Das Einigungsamt kann sich durch Zuziehung von Vertrauensmännern der Arbeitgeber und Arbeiter in gleicher Zahl ergänzen. Dies muß geschehen, wenn es von den Vertretern beider Theile unter Bezeichnung der zuzuziehenden Vertrauensmänner beantragt wird.

Die Beisitzer und Vertrauensmänner dürfen nicht zu den Betheiligten gehören. Befinden sich unter den Beisitzern unbetheiligte Arbeitgeber und Arbeiter nicht in genügender Zahl, so werden die fehlenden durch Vertrauensmänner ersetzt, welche von den Vertretern der Arbeitgeber beziehungsweise der Arbeiter zu wählen sind.

Anm. Ueber die Wahlen vgl. § 13.

Abs. 3. Ueber Ausnahme wegen der Gewerbegerichte für Bergbau vgl. § 77 Nr. 6.

§ 64.

Das Einigungsamt hat durch Vernehmung der Vertreter beider Theile die Streitpunkte und die für die Beurtheilung derselben in Betracht kommenden Verhältnisse festzustellen. Es ist befugt, zur Aufklärung der letzteren Auskunftspersonen vorzuladen und zu vernehmen.

Jedem Beisitzer und Vertrauensmann steht das Recht zu, durch den Vorsitzenden Fragen an die Vertreter und Auskunftspersonen zu richten.

§ 65.

Nach erfolgter Klarstellung der Verhältnisse ist in gemeinsamer Verhandlung jedem Theile Gelegenheit zu geben, sich über das Vorbringen des anderen Theiles, sowie über die vorliegenden Aussagen der Auskunftspersonen zu äußern. Demnächst findet ein Einigungsversuch zwischen den streitenden Theilen statt.

Anm. Das Ermittelungsverfahren kann in jedem Stadium der Verhandlung wieder aufgenommen werden.

§ 66.

Kommt eine Vereinbarung zu Stande, so ist der Inhalt derselben durch eine von sämmtlichen Mitgliedern des Einigungsamts und von den Vertretern beider Theile zu unterzeichnende Bekanntmachung zu veröffentlichen.

Anm. Daß eine auf diese Weise herbeigeführte und öffentlich kundgegebene Vereinbarung von allen Betheiligten für die Bedingungen des weiteren Arbeitsverhältnisses als maßgebend anerkannt wird, kann zwar durch äußere Mittel nicht erzwungen werden, wird aber als Regel angenommen werden dürfen (Mot.).

§ 67.

Kommt eine Vereinbarung nicht zu Stande, so hat das Einigungsamt einen Schiedsspruch abzugeben, welcher sich auf alle zwischen den Parteien streitigen Fragen zu erstrecken hat.

Die Beschlußfassung über den Schiedsspruch erfolgt mit einfacher Stimmenmehrheit. Stehen bei der Beschlußfassung über den Schiedsspruch die Stimmen sämmtlicher für die Arbeitgeber zugezogenen Beisitzer und Vertrauensmänner denjenigen sämmtlicher für die Arbeiter zugezogenen gegenüber, so kann der Vorsitzende sich seiner Stimme enthalten und feststellen, daß ein Schiedsspruch nicht zu Stande gekommen ist.

Anm. Abs. 2. In allen anderen Fällen dürfen weder der Vorsitzende noch die Beisitzer sich der Stimmabgabe enthalten (Komm.-Ber. S. 32).

§ 68.

Ist ein Schiedsspruch zu Stande gekommen, so ist derselbe den Vertretern beider Theile mit der Aufforderung zu eröffnen, sich binnen einer zu bestimmenden Frist darüber zu erklären, ob sie sich dem Schiedsspruche unterwerfen. Die Nichtabgabe der Erklärung binnen der bestimmten Frist gilt als Ablehnung der Unterwerfung.

Nach Ablauf der Frist hat das Einigungsamt eine von sämmtlichen Mitgliedern desselben unterzeichnete öffentliche Bekanntmachung zu erlassen, welche den abgegebenen Schiedsspruch und die darauf abgegebenen Erklärungen der Parteien enthält.

§ 69.

Ist weder eine Vereinbarung (§ 66) noch ein Schiedsspruch zu Stande gekommen, so ist dies von dem Vorsitzenden des Einigungsamtes öffentlich bekannt zu machen.

Vierter Abschnitt.

Gutachten und Anträge der Gewerbegerichte.

§ 70.

Das Gewerbegericht ist verpflichtet, auf Ansuchen von Staatsbehörden oder des Vorstandes des Kommunalverbandes, für welchen dasselbe errichtet ist, Gutachten über gewerbliche Fragen abzugeben. Zur Vorbereitung oder Abgabe derartiger Gutachten können Ausschüsse aus der Mitte des Gewerbegerichts gebildet werden.

Diese Ausschüsse müssen, sofern es sich um Fragen handelt, welche die Interessen beider Theile berühren, zu gleichen Theilen aus Arbeitgebern und Arbeitern zusammengesetzt sein.

In gleicher Weise ist das Gewerbegericht berechtigt, in gewerblichen Fragen, welche die seiner Gerichtsbarkeit unterstehenden Betriebe berühren, Anträge an Behörden und an Vertretungen von Kommunalverbänden zu richten.

Das Nähere bestimmt das Statut.

Anm. Abs. 1. Der Verpflichtung steht nicht ein Recht gehört zu werden, gegenüber (Komm.-Ber. S. 32).

Fünfter Abschnitt.

Verfahren vor dem Gemeindevorsteher.

§ 71.

Ist ein zuständiges Gewerbegericht nicht vorhanden, so kann bei Streitigkeiten der in Nr. 1 und 3 des § 3 bezeichneten Art jede Partei die vorläufige Entscheidung durch den Vorsteher der Gemeinde (Bürgermeister, Schultheiß, Ortsvorsteher u. s. w.) nachsuchen. Zuständig ist der Vorsteher der Gemeinde, in deren Bezirk die streitige Verpflichtung aus dem Arbeitsverhältnisse zu erfüllen ist.

Den Parteien ist Gelegenheit zu geben, ihre Ausführungen und Beweismittel in einem Termin vorzubringen. Eine Beweisaufnahme durch Ersuchen anderer Behörden findet nicht statt; Vereidigungen sind nicht zulässig.

Kommt ein Vergleich zu Stande, so ist ein Protokoll darüber aufzunehmen und von den Parteien und dem Gemeindevorsteher zu unterschreiben.

Anm. Vgl. §§ 1—3, 25. Ausnahmen §§ 76, 77.

Die Anrufung des Gemeindevorstehers ist kein Zwang (wie es bei § 120a der Gew.-O. der Fall war); sie ist vielmehr in's Ermessen des Klägers gestellt.

Wo kein Gewerbegericht besteht und auch der Gemeindevorsteher von den Betheiligten nicht angegangen ist, sind die ordentlichen Gerichte zuständig.

„Es kann sich nur darum handeln, daß der Gemeindevorsteher, gestützt auf seine Kenntniß der Personen und Verhältnisse und auf Grund unmittelbarer Anhörung der Parteien und etwaiger Auskunftspersonen, das Streitverhältniß hinreichend aufklärt, um einen Vergleich vermitteln oder eine vorläufige Entscheidung fällen zu können" (Mot.).

Erscheint nur die antragstellende Partei, so ist der Erlaß einer Versäumnißentscheidung nicht ausgeschlossen (Komm.-Ber. S. 33).

Gegen die Entscheidungen steht nach § 72 die Berufung auf den Rechtsweg offen. — Ueber die Zuständigkeit vgl. § 25.

Abs. 3. Vgl. § 54 Abs. 3.

§ 72.

Die Entscheidung des Gemeindevorstehers ist schriftlich abzufassen; sie geht in Rechtskraft über, wenn nicht binnen einer Nothfrist von zehn Tagen von einer der Parteien Klage bei dem ordentlichen Gericht erhoben wird. Die Frist beginnt mit der Verkündung, gegen eine bei der Verkündung nicht anwesende Partei mit der Behändigung der Entscheidung.

Die Entscheidungen des Gemeindevorstehers sind von Amtswegen für vorläufig vollstreckbar zu erklären.

Die vorläufige Vollstreckbarkeit ist nicht auszusprechen, wenn glaubhaft gemacht wird, daß die Vollstreckung dem Schuldner einen nicht zu ersetzenden Nachtheil bringen würde; auch kann sie von einer vorgängigen Sicherheitsleistung abhängig gemacht werden.

Ist rechtzeitig Klage erhoben, so findet der § 647 der Civilprozeßordnung entsprechende Anwendung.

Anm. Eine Anfechtung der Entscheidung im Verwaltungswege ist unstatthaft. Die Klage bei dem ordentlichen Gericht und das Verfahren vor diesem erfolgen nach den Vorschriften der C.-P.-O.; gegen dessen Entscheidung sind die gewöhnlichen Rechtsmittel zulässig. Vgl. § 79 Abs. 3.

Abs. 2, 3. Vgl. § 56 Abs. 2, 3.

Vgl. § 46 Abs. 2 und C.-P.-O. § 655.

§ 73.

Die vor dem Gemeindevorsteher geschlossenen Vergleiche, sowie die rechtskräftigen oder vollstreckbaren Entscheidungen desselben sind, sofern die Partei es beantragt, auf Ersuchen des Gemeindevorstehers durch die Ortspolizeibehörde nach den Vorschriften über das Verwaltungszwangsverfahren zu vollstrecken. Ein unmittelbarer Zwang zur Vornahme einer Handlung ist nur im Falle des § 130 der Gewerbeordnung zulässig. Wo ein Verwaltungszwangsverfahren nicht besteht, finden die Bestimmungen über die Zwangsvollstreckung in bürgerlichen Rechtsstreitigkeiten Anwendung.

Anm. Körperlicher Zwang ist nur bei der Zurückführung eines Lehrlings, welcher unrechtmäßig die Lehre verlassen hat, zulässig.

Für Preußen siehe Verordnung betr. das Verwaltungszwangsverfahren wegen Beitreibung von Geldbeträgen vom 7. September 1879 (Ges.-S. S. 591).

§ 74.

Der Gemeindevorsteher kann die Wahrnehmung der ihm nach den §§ 71 bis 73 obliegenden Geschäfte mit Genehmigung der höheren Verwaltungsbehörde einem Stellvertreter übertragen. Derselbe muß aus der Mitte der Gemeindeverwaltung oder Gemeindevertretung auf mindestens ein Jahr berufen werden. Die Berufung ist öffentlich bekannt zu machen.

Vgl. § 83.

§ 75.

Durch Anordnung der Landes-Zentralbehörde kann an Stelle des Gemeindevorstehers ein zur Vornahme von Sühneverhandlungen über streitige Rechtsangelegenheiten staatlich bestelltes Organ mit Wahrnehmung der in den §§ 71 bis 73 aufgeführten Geschäfte beauftragt werden. Die Anordnung ist öffentlich bekannt zu machen.

Sechster Abschnitt.

Schlußbestimmungen.

§ 76.

Die Bestimmungen dieses Gesetzes finden keine Anwendung auf Gehülfen und Lehrlinge in Apotheken und Handelsgeschäften, sowie auf Arbeiter, welche in den unter der Militär- oder Marineverwaltung stehenden Betriebsanlagen beschäftigt sind.

Anm. Der Entwurf wollte auch die Streitigkeiten der Vorstände der Reichs- und Staatsdruckereien, der staatlichen Münzanstalten und der unter der Staatseisenbahnverwaltung stehenden Betriebsanlagen mit den in diesen Betrieben beschäftigten Arbeitern von der Anwendung des Gesetzes ausnehmen; der Reichstag hat aber alle diese den Bestimmungen des Gesetzes unterworfen (Komm.-Ber. S. 34).

„Die Vorschrift hat die doppelte Wirkung, daß einerseits die Streitigkeiten zwischen den Leitern und Arbeitern der bezeichneten Betriebe der Zuständigkeit der Gewerbegerichte entzogen und andererseits diese Personen selbst bei den Wahlen zu den Gewerbegerichten weder wählbar noch wahlberechtigt sind“ (Mot.).

§ 77.

Auf Streitigkeiten der in Bergwerken, Salinen, Aufbereitungsanstalten und unterirdisch betriebenen Brüchen und Gruben beschäftigten Arbeiter mit ihren Arbeitgebern finden die Bestimmungen dieses Gesetzes mit der Maßgabe Anwendung, daß die Errichtung von Gewerbegerichten, deren Zuständigkeit auf die vorbezeichneten Betriebe beschränkt wird, unabhängig von den Voraussetzungen des § 1 Absatz 5 durch Anordnung der Landes-Zentralbehörde erfolgen kann.

Für die auf Grund der letzteren Bestimmung errichteten Gewerbegerichte gelten nachstehende besondere Vorschriften:

1. Die Bestimmung des letzten Satzes in Absatz 2 des § 6 findet keine Anwendung.
2. Durch die Zuständigkeit eines solchen Gerichts wird die Zuständigkeit anderer innerhalb seines Bezirks bestehender oder später errichteter Gewerbegerichte ausgeschlossen.
3. Die Kosten der Gewerbegerichte werden, soweit sie in deren Einnahmen nicht Deckung finden, vom Staate getragen.
4. Der Vorsitzende und dessen Stellvertreter werden von der Landes-Zentralbehörde ernannt. Zur Bewirkung der Zustellungen können an Stelle der Gerichtsvollzieher oder Gemeindebeamten (§ 23 Absatz 2) andere Beamte verwendet werden.
5. Inwieweit den Arbeitgebern im Sinne der §§ 11 bis 13 die mit der Leitung eines Betriebes oder eines bestimmten Zweiges desselben betrauten Stellvertreter der selbständigen Gewerbetreibenden gleichstehen, wird durch Anordnung der Landes-Zentralbehörde bestimmt.
6. Die Bestimmung des § 63 Absatz 3 findet, soweit sie sich auf Beisitzer bezieht, keine Anwendung.

Anm. Abs. 1. Vgl. § 83.

Zu Nr. 4. Dadurch wird es ermöglicht werden, die Stellvertreter, welche den Arbeitgebern gleich stehen sollen, näher zu bestimmen oder unter Umständen diese Gleichstellung auf die Wählbarkeit zu beschränken, das aktive Wahlrecht dagegen den Unternehmern vorzubehalten (Mot.).

§ 78.

Der § 120a der Gewerbeordnung wird aufgehoben.

Soweit auf denselben zur Bezeichnung der im Absatz 1 daselbst erwähnten Streitigkeiten in anderen Gesetzesstellen Bezug genommen wird, tritt der § 3 Absatz 1 dieses Gesetzes an seine Stelle.

Soweit nach den gesetzlichen Vorschriften über die Krankenversicherung der Arbeiter die Entscheidung von Streitigkeiten über die Berechnung und Anrechnung von Versicherungsbeiträgen in Gemäßheit der Bestimmungen des § 120a der Gewerbeordnung zu erfolgen hatte, finden die Vorschriften des gegenwärtigen Gesetzes über das Verfahren vor dem Gemeindevorsteher auch dann Anwendung, wenn es sich um Versicherungsbeiträge anderer, als der im § 2 bezeichneten Arbeiter handelt. Die Zuständigkeit des Gemeindevorstehers wird in diesem Falle nicht dadurch ausgeschlossen, daß ein Gewerbegericht für die Gemeinde errichtet ist.

Anm. §§ 71 ff. Wegen der Schiedsgerichte vgl. § 81.

Abs. 3 bezieht sich u. a. auf die land- und forstwirthschaftlichen Arbeiter.

§ 79.

Die Zuständigkeit der Innungen zur Entscheidung von Streitigkeiten zwischen Arbeitgebern und ihren Lehrlingen (Gewerbeordnung § 97 Nr. 4, § 100e Nr. 1), sowie die Zuständigkeit der Innungs-Schiedsgerichte (Gewerbeordnung § 97a Nr. 6, § 100i Absatz 2), erleiden durch dieses Gesetz keine Einschränkung.

Durch die Zuständigkeit einer Innung oder eines Innungsschiedsgerichts wird die Zuständigkeit eines für den Bezirk der Innung bestehenden oder später errichteten Gewerbegerichts ausgeschlossen.

Gegen die Entscheidungen der Innungen und der Innungsschiedsgerichte steht binnen zehn Tagen die Berufung auf den Rechtsweg durch Erhebung der Klage bei dem ordentlichen Gericht offen.

Anm. Die Rechte der Innungen sollen also den Rechten der Gewerbegerichte unbedingt vorgehen, so daß, wenn eine Innung da, wo Gewerbegerichte bereits bestehen, errichtet wird, auch in diesem Falle Abs. 2 Anwendung findet. Bei Streitigkeiten zwischen Innungsmeistern und -Gesellen ist aber kein Theil gehindert, ein Gewerbegericht als Einigungsamt anzurufen (Komm.-Ber. S. 36).

Abs. 3. Vgl. § 72. Die Berufung auf den Rechtsweg bedeutet nicht ein Rechtsmittel im Sinne der C.-P.-O., sondern bewirkt nur ein neues Verfahren vor den ordentlichen Gerichten.

§ 80.

Die nach § 14 Nr. 4 des Gerichtsverfassungsgesetzes zugelassenen, auf Grund der Landesgesetze zur Entscheidung gewerblicher Streitigkeiten berufenen Gewerbegerichte werden mit dem 1. April 1892 aufgehoben, sofern nicht bis zu diesem Zeitpunkt ihre Zusammensetzung den Bestimmungen des § 12 Absatz 1 und 2 entspricht. Auf die Vertretung der Parteien vor den bezeichneten Gerichten finden die Bestimmungen des § 29 Anwendung.

Sofern diese Gerichte den vorbezeichneten Erfordernissen entsprechen, erleidet ihre Zuständigkeit durch dieses Gesetz keine Einschränkung.

Anm. Dadurch bleiben zunächst die rheinischen und elsaß-lothringischen Gewerbegerichte sowie die sächsischen Bergschiedsgerichte unberührt, soweit nicht neue Gewerbegerichte gebildet werden.

Ein besonderer Vorbehalt in Bezug auf die Zuständigkeit der auf Grund des § 14 Nr. 3 des Gerichtsverfassungsgesetzes in einzelnen Bundesstaaten bestehenden Gemeindegerichte ist nicht erforderlich. Auch ohne einen solchen Vorbehalt versteht es sich, daß die Gemeindegerichte, soweit ihre Zuständigkeit nach den Vorschriften der Landesgesetze reicht, auch in Gewerbestreitsachen an Stelle der ordentlichen Gerichte zur Entscheidung berufen sind. Hieraus ergiebt sich, daß, wo ein zuständiges Gewerbegericht nicht vorhanden ist, die Betheiligten gegebenen Falls die Wahl haben werden, die Entscheidung des Gemeindevorstehers nach Maßgabe der §§ 71 ff. oder diejenige des Gemeindegerichts nach Maßgabe der Landesgesetze anzurufen. Wird der Gemeindevorsteher angegangen, so kann der Rechtsweg gegen die Entscheidung desselben nicht etwa bei dem Gemeindegericht, sondern — wie sich aus der Bestimmung des § 72 Absatz 1 ergiebt — nur bei dem ordentlichen Gerichte beschritten werden (Mot.).

§ 81.

Die auf Grund des § 120a Absatz 3 der Gewerbeordnung errichteten Schiedsgerichte gelten als Gewerbegerichte im Sinne dieses Gesetzes.

Die mit Rücksicht auf die Vorschriften desselben über die Zusammensetzung der Gewerbegerichte und das Verfahren erforderlichen Aenderungen der geltenden Ortsstatuten sind ohne Verzug vorzunehmen. Ist eine erforderliche Aenderung binnen zwei Monaten nach dem Inkrafttreten dieses Gesetzes nicht erfolgt, so ist sie durch die Landes-Zentralbehörde zu verfügen.

Nachdem die erforderlichen Aenderungen getroffen sind, finden die Vorschriften dieses Gesetzes auch auf die vorher anhängig gewordenen Streitigkeiten Anwendung.

§ 82.

Streitigkeiten, welche, bevor ein für dieselben zuständiges Gewerbegericht bestand, anhängig geworden sind, werden von den bis dahin zuständig gewesenen Behörden erledigt.

§ 83.

Die Zentralbehörden der Bundesstaaten bestimmen, welche Verbände als weitere Kommunalverbände im Sinne dieses Gesetzes anzusehen, von welchen Organen der Gemeinden und weiteren Kommunalverbände die Statuten über Errichtung von Gewerbegerichten zu beschließen, und von welchen Staats- oder Gemeindeorganen die übrigen in diesem Gesetze den Staats- oder Gemeindebehörden, sowie den Vertretungen der Gemeinden und weiteren Kommunalverbände zugewiesenen Verrichtungen wahrzunehmen sind.

Mit den von der höheren Verwaltungsbehörde wahrzunehmenden Geschäften können jedoch nur diejenigen höheren Verwaltungsbehörden betraut werden, welche nach Landesrecht die Aufsicht oder Oberaufsicht in Gemeinde-Angelegenheiten wahrzunehmen haben; auf die in Gemäßheit des § 77 errichteten Gewerbegerichte findet diese Bestimmung keine Anwendung.

§ 84.

Diejenigen Vorschriften dieses Gesetzes, welche sich auf die Herstellung der zur Durchführung desselben erforderlichen Einrichtungen beziehen, treten mit dem Tage der Verkündigung dieses Gesetzes, die übrigen Bestimmungen desselben am 1. April 1891 in Kraft.

Urkundlich unter Unserer Höchsteigenhändigen Unterschrift und beigedrucktem Kaiserlichen Insiegel.

Gegeben Wilhelmshaven, den 29. Juli 1890.

(L. S.) **Wilhelm.**

von Caprivi.

Anhang I.

Zusammenstellung
der
für das Verfahren vor den Gewerbegerichten maßgebenden Vorschriften.*)

Die §§ ohne weitere Bezeichnung sind die der Civilprozeßordnung.
G. G. bedeutet Gesetz über die Gewerbegerichte.

Erster Abschnitt. Gerichte.

Erster Titel. Sachliche Zuständigkeit der Gerichte.

§ 3. Der Werth des Streitgegenstandes wird von dem Gerichte nach freiem Ermessen festgesetzt; dasselbe kann eine beantragte Beweisaufnahme sowie von Amtswegen die Einnahme des Augenscheins und die Begutachtung durch Sachverständige anordnen.

§ 4. Für die Werthsberechnung ist der Zeitpunkt der Erhebung der Klage entscheidend; Früchte, Nutzungen, Zinsen, Schäden und Kosten bleiben unberücksichtigt, wenn sie als Nebenforderungen geltend gemacht werden.

§ 5. Mehrere in einer Klage geltend gemachte Ansprüche werden zusammengerechnet; eine Zusammenrechnung des Gegenstandes der Klage und der Widerklage findet nicht statt.

§ 6. Der Werth des Streitgegenstandes wird bestimmt: durch den Werth einer Sache, wenn deren Besitz, und durch den Betrag einer Forderung, wenn deren Sicherstellung oder ein Pfandrecht

*) Diejenigen Vorschriften der Civilprozeßordnung, von denen anzunehmen ist, daß sie im gewerbegerichtlichen Verfahren nur höchst selten zur Anwendung kommen können, wie z. B. die über Nebenintervention, Streitverkündung, Prozeßbevollmächtigte, Zustellungsbevollmächtigte, Unterbrechung und Aussetzung des Verfahrens sowie Wiederaufnahme desselben sind behufs Vereinfachung und Erhöhung der Uebersichtlichkeit nicht mit aufgenommen.

Gegenstand des Streits ist. Hat der Gegenstand des Pfandrechts einen geringeren Werth, so ist dieser maßgebend.

§ 9. Der Werth des Rechts auf wiederkehrende Nutzungen oder Leistungen wird nach dem Werthe des einjährigen Bezugs berechnet und zwar:

auf den zwölfundeinhalbfachen Betrag, wenn der künftige Wegfall des Bezugsrechts gewiß, die Zeit des Wegfalls aber ungewiß ist;

auf den fünfundzwanzigfachen Betrag, bei unbeschränkter oder bestimmter Dauer des Bezugsrechts. Bei bestimmter Dauer des Bezugsrechts ist der Gesammtbetrag der künftigen Bezüge maßgebend, wenn er der geringere ist.

§ 11. Ist die Unzuständigkeit eines Gerichts auf Grund der Bestimmungen über die sachliche Zuständigkeit der Gerichte rechtskräftig ausgesprochen, so ist diese Entscheidung für das Gericht bindend, bei welchem die Sache später anhängig wird.

G. G. § 26. Die Vorschrift im § 11 der Civilprozessordnung über die bindende Wirkung der rechtskräftigen Entscheidung, durch welche ein Gericht sich für sachlich unzuständig erklärt hat, findet in dem Verhältniss der Gewerbegerichte und der ordentlichen Gerichte Anwendung. Eine solche Entscheidung des ordentlichen Gerichts ist auch insoweit, als sie auf der Annahme der örtlichen Zuständigkeit eines bestimmten Gewerbegerichts beruht, für das letztere bindend.

Zweiter Titel. Gerichtsstand.

G. G. § 25. Zuständig ist dasjenige Gewerbegericht, in dessen Bezirke die streitige Verpflichtung zu erfüllen ist.

§ 33. Bei dem Gerichte der Klage kann eine Widerklage erhoben werden, wenn der Gegenanspruch mit dem in der Klage geltend gemachten Anspruche oder mit den gegen denselben vorgebrachten Vertheidigungsmitteln in Zusammenhang steht.

Diese Bestimmung findet keine Anwendung, wenn die Zuständigkeit des Gerichts für eine Klage wegen des Gegenanspruchs auch durch Vereinbarung nicht würde begründet werden können.

§ 35. Unter mehreren zuständigen Gerichten hat der Kläger die Wahl.

§ 36. Die Bestimmung des zuständigen Gerichts erfolgt durch das im Instanzenzuge zunächst höhere Gericht:

1. wenn das an sich zuständige Gericht in einem einzelnen Falle an der Ausübung des Richteramts rechtlich oder thatsächlich verhindert ist;
2. wenn es mit Rücksicht auf die Grenzen verschiedener Gerichts-

bezirke ungewiß ist, welches Gericht für den Rechtsstreit zuständig sei;

2c.

5. wenn in einem Rechtsstreite verschiedene Gerichte sich rechtskräftig für zuständig erklärt haben;
6. wenn verschiedene Gerichte, von welchen eines für den Rechtsstreit zuständig ist, sich rechtskräftig für unzuständig erklärt haben.

§ 37. Die Entscheidung über das Gesuch um Bestimmung des zuständigen Gerichts kann ohne vorgängige mündliche Verhandlung erfolgen.

Eine Anfechtung des Beschlusses, welcher das zuständige Gericht bestimmt, findet nicht statt.

Dritter Titel. Vereinbarung über die Zuständigkeit der Gerichte.

§ 38. Ein an sich unzuständiges Gericht erster Instanz wird durch ausdrückliche oder stillschweigende Vereinbarung der Parteien zuständig.

§ 39. Stillschweigende Vereinbarung ist anzunehmen, wenn der Beklagte, ohne die Unzuständigkeit geltend zu machen, zur Hauptsache mündlich verhandelt hat.

§ 40. Die Vereinbarung hat keine rechtliche Wirkung, wenn sie nicht auf ein bestimmtes Rechtsverhältniß und die aus demselben entspringenden Rechtsstreitigkeiten sich bezieht.

Die Vereinbarung ist unzulässig, wenn der Rechtsstreit andere als vermögensrechtliche Ansprüche betrifft, oder wenn für die Klage ein ausschließlicher Gerichtsstand begründet ist.

Vierter Titel. Ausschließung und Ablehnung der Gerichtspersonen.

§ 41. Ein Richter ist von der Ausübung des Richteramts kraft Gesetzes ausgeschlossen:

1. in Sachen, in welchen er selbst Partei ist, oder in Ansehung welcher er zu einer Partei in dem Verhältnisse eines Mitberechtigten, Mitverpflichteten oder Regreßpflichtigen steht;
2. in Sachen seiner Ehefrau, auch wenn die Ehe nicht mehr besteht;
3. in Sachen einer Person, mit welcher er in gerader Linie verwandt, verschwägert oder durch Adoption verbunden, in der Seitenlinie bis zum dritten Grade verwandt oder bis zum zweiten Grade verschwägert ist, auch wenn die Ehe, durch welche die Schwägerschaft begründet ist, nicht mehr besteht;
4. in Sachen, in welchen er als Prozeßbevollmächtigter oder Bei-

stand einer Partei bestellt oder als gesetzlicher Vertreter einer Partei aufzutreten berechtigt ist oder gewesen ist;

5. in Sachen, in welchen er als Zeuge oder Sachverständiger vernommen ist;
6. in Sachen, in welchen er in einer früheren Instanz oder im schieds-richterlichen Verfahren bei der Erlassung der angefochtenen Entscheidung mitgewirkt hat, sofern es sich nicht um die Thätigkeit eines beauftragten oder ersuchten Richters handelt.

§ 42. Ein Richter kann sowohl in den Fällen, in welchen er von der Ausübung des Richteramts kraft Gesetzes ausgeschlossen ist, als auch wegen Besorgniß der Befangenheit abgelehnt werden.

Wegen Besorgniß der Befangenheit findet die Ablehnung statt, wenn ein Grund vorliegt, welcher geeignet ist, Mißtrauen gegen die Unparteilichkeit eines Richters zu rechtfertigen.

Das Ablehnungsrecht steht in jedem Falle beiden Parteien zu.

§ 43. Eine Partei kann einen Richter wegen Besorgniß der Befangenheit nicht mehr ablehnen, wenn sie bei demselben, ohne den ihr bekannten Ablehnungsgrund geltend zu machen, in eine Verhandlung sich eingelassen oder Anträge gestellt hat.

§ 44. Das Ablehnungsgesuch ist bei dem Gerichte, welchem der Richter angehört, anzubringen; es kann vor dem Gerichtsschreiber zu Protokoll erklärt werden.

Der Ablehnungsgrund ist glaubhaft zu machen; der Eid ist als Mittel der Glaubhaftmachung ausgeschlossen. Zur Glaubhaftmachung kann auf das Zeugniß des abgelehnten Richters Bezug genommen werden.

Der abgelehnte Richter hat sich über den Ablehnungsgrund dienstlich zu äußern.

Wird ein Richter, bei welchem die Partei in eine Verhandlung sich eingelassen oder Anträge gestellt hat, wegen Besorgniß der Befangenheit abgelehnt, so ist glaubhaft zu machen, daß der Ablehnungsgrund erst später entstanden oder der Partei bekannt geworden sei.

G. G. § 27. Ueber Gesuche wegen Ablehnung von Gerichtspersonen entscheidet das Gewerbegericht.

§ 46. Die Entscheidung über das Ablehnungsgesuch kann ohne vorgängige mündliche Verhandlung erfolgen.

Gegen den Beschluß, durch welchen das Gesuch für begründet erklärt wird, findet kein Rechtsmittel; gegen den Beschluß, durch welchen das Gesuch für unbegründet erklärt wird, findet sofortige Beschwerde statt.

§ 47. Ein abgelehnter Richter hat vor Erledigung des Ablehnungsgesuchs nur solche Handlungen vorzunehmen, welche keinen Aufschub gestatten.

§ 48. Das für die Erledigung eines Ablehnungsgesuchs zuständige Gericht hat auch dann zu entscheiden, wenn ein solches Gesuch nicht angebracht ist, ein Richter aber von einem Verhältnisse Anzeige macht, welches seine Ablehnung rechtfertigen könnte, oder wenn aus anderer Veranlassung Zweifel darüber entstehen, ob ein Richter kraft Gesetzes ausgeschlossen sei.

Die Entscheidung erfolgt ohne vorgängiges Gehör der Parteien.

§ 49. Die Bestimmungen dieses Titels finden auf den Gerichtsschreiber entsprechende Anwendung; die Entscheidung erfolgt durch das Gericht, bei welchem der Gerichtsschreiber angestellt ist.

Zweiter Abschnitt. Parteien.

Erster Titel. Prozeßfähigkeit.

§ 50. Die Fähigkeit einer Partei, vor Gericht zu stehen, die Vertretung nicht prozeßfähiger Parteien durch andere Personen (gesetzliche Vertreter) und die Nothwendigkeit einer besonderen Ermächtigung zur Prozeßführung bestimmt sich nach den Vorschriften des bürgerlichen Rechts, soweit nicht die nachfolgenden Paragraphen abweichende Bestimmungen enthalten.

§ 51. Eine Person ist insoweit prozeßfähig, als sie sich durch Verträge verpflichten kann.

Die Prozeßfähigkeit einer großjährigen Person wird dadurch, daß sie unter väterlicher Gewalt steht, die Prozeßfähigkeit einer Frau dadurch, daß sie Ehefrau ist, nicht beschränkt.

Die Vorschriften über die Geschlechtsvormundschaft finden auf die Prozeßführung keine Anwendung.

§ 52. Einzelne Prozeßhandlungen, zu welchen nach den Vorschriften des bürgerlichen Rechts eine besondere Ermächtigung erforderlich ist, sind ohne dieselbe gültig, wenn die Ermächtigung zur Prozeßführung im Allgemeinen ertheilt oder die Prozeßführung auch ohne eine solche Ermächtigung im Allgemeinen statthaft ist.

§ 53. Ein Ausländer, welchem nach dem Rechte seines Landes die Prozeßfähigkeit mangelt, gilt als prozeßfähig, wenn ihm nach dem Rechte des Prozeßgerichts die Prozeßfähigkeit zusteht.

§ 54. Das Gericht hat den Mangel der Prozeßfähigkeit, der Legitimation eines gesetzlichen Vertreters und der erforderlichen Ermächtigung zur Prozeßführung von Amtswegen zu berücksichtigen.

Die Partei oder deren gesetzlicher Vertreter kann zur Prozeßführung mit Vorbehalt der Beseitigung des Mangels zugelassen werden, wenn mit dem Verzuge Gefahr für die Partei verbunden ist. Das Endurtheil darf erst erlassen werden, nachdem die für die Beseitigung des Mangels zu bestimmende Frist abgelaufen ist.

G. G. § 28. Nichtprozessfähigen Parteien, welche ohne gesetzlichen Vertreter sind, kann auf Antrag bis zum Eintritt des gesetzlichen Vertreters von dem Vorsitzenden ein besonderer Vertreter bestellt werden.

Das Gleiche gilt im Fall erheblicher Entfernung des Aufenthaltsorts des gesetzlichen Vertreters.

Die nichtprozessfähige Partei ist auf ihr Verlangen selbst zu hören.

G. G. § 29. Rechtsanwälte und Personen, welche das Verhandeln vor Gericht geschäftsmässig betreiben, werden als Prozessbevollmächtigte oder Beistände vor dem Gewerbegerichte nicht zugelassen.

Zweiter Titel. Streitgenossenschaft.

§ 56. Mehrere Personen können als Streitgenossen gemeinschaftlich klagen oder verklagt werden, wenn sie in Ansehung des Streitgegenstandes in Rechtsgemeinschaft stehen, oder wenn sie aus demselben thatsächlichen und rechtlichen Grunde berechtigt oder verpflichtet sind.

§ 57. Mehrere Personen können auch dann als Streitgenossen gemeinschaftlich klagen oder verklagt werden, wenn gleichartige und auf einem im Wesentlichen gleichartigen thatsächlichen und rechtlichen Grunde beruhende Ansprüche oder Verpflichtungen den Gegenstand des Rechtsstreits bilden.

§ 58. Streitgenossen stehen, soweit nicht aus den Vorschriften des bürgerlichen Rechts oder dieses Gesetzes sich ein anderes ergiebt, dem Gegner dergestalt als Einzelne gegenüber, daß die Handlungen des einen Streitgenossen dem anderen weder zum Vortheile noch zum Nachtheile gereichen.

§ 59. Kann das streitige Rechtsverhältniß allen Streitgenossen gegenüber nur einheitlich festgestellt werden, oder ist die Streitgenossenschaft aus einem sonstigen Grunde eine nothwendige, so werden, wenn ein Termin oder eine Frist nur von einzelnen Streitgenossen versäumt wird, die säumigen Streitgenossen als durch die nicht säumigen vertreten angesehen.

Die säumigen Streitgenossen sind auch in dem späteren Verfahren zuzuziehen.

§ 60. Das Recht zur Betreibung des Prozesses steht jedem Streitgenossen zu; er muß, wenn er den Gegner zu einem Termine ladet, auch die übrigen Streitgenossen laden.

Fünfter Titel. Prozeßkosten.

§ 87 Abs. 1. Die unterliegende Partei hat die Kosten des Rechtsstreits zu tragen, insbesondere die dem Gegner erwachsenen Kosten zu erstatten, soweit dieselben nach freiem Ermessen des Gerichts zur zweckentsprechenden Rechtsverfolgung oder Rechtsvertheidigung nothwendig waren.

G. G. § 52. Die Verpflichtung der unterliegenden Partei, die Kosten des Rechtsstreits zu tragen, erstreckt sich auf die Erstattung der dem Gegner durch die Zuziehung eines Prozessbevollmächtigten oder Beistandes entstandenen Auslagen nur unter der Voraussetzung, dass die Zuziehung durch besondere Umstände gerechtfertigt war, und nur in Ansehung des Betrages, welchen das Gericht für angemessen erachtet.

Auf Antrag kann der obsiegenden Partei für die ihr durch das Erscheinen bei dem Gericht entstandenen Versäumnisse in dem Urtheil eine Entschädigung zugebilligt werden.

§ 88. Wenn jede Partei theils obsiegt, theils unterliegt, so sind die Kosten gegen einander aufzuheben oder verhältnißmäßig zu theilen.

Das Gericht kann der einen Partei die gesammten Prozeßkosten auferlegen, wenn die Zuvielforderung der anderen Partei eine verhältnißmäßig geringfügige war und keine besonderen Kosten veranlaßt hat, oder wenn der Betrag der Forderung der anderen Partei von der Festsetzung durch richterliches Ermessen, von der Ausmittelung durch Sachverständige oder von einer gegenseitigen Berechnung abhängig war.

§ 89. Hat der Beklagte nicht durch sein Verhalten zur Erhebung der Klage Veranlassung gegeben, so fallen dem Kläger die Prozeßkosten zur Last, wenn der Beklagte den Anspruch sofort anerkennt.

§ 90. Die Partei, welche einen Termin oder eine Frist versäumt, oder die Verlegung eines Termins, die Vertagung einer Verhandlung, die Anberaumung eines Termins zur Fortsetzung der Verhandlung oder die Verlängerung einer Frist durch ihr Verschulden veranlaßt, hat die dadurch verursachten Kosten zu tragen.

§ 91. Die Kosten eines ohne Erfolg gebliebenen Angriffs- oder Vertheidigungsmittels können der Partei auferlegt werden, welche dasselbe geltend gemacht hat, auch wenn sie in der Hauptsache obsiegt.

§ 93. Die Kosten eines abgeschlossenen Vergleichs sind als gegen einander aufgehoben anzusehen, wenn nicht die Parteien ein Anderes vereinbart haben. Dasselbe gilt von den Kosten des durch Vergleich erledigten Rechtsstreits, soweit nicht über dieselben bereits rechtskräftig erkannt ist.

§ 94. Die Anfechtung der Entscheidung über den Kostenpunkt ist unzulässig, wenn nicht gegen die Entscheidung in der Hauptsache ein Rechtsmittel eingelegt wird.

§ 95. Besteht der unterliegende Theil aus mehreren Personen, so haften dieselben für die Kostenerstattung nach Kopftheilen.

Bei einer erheblichen Verschiedenheit der Betheiligung am Rechtsstreite kann nach dem Ermessen des Gerichts die Betheiligung zum Maßstabe genommen werden.

Hat ein Streitgenosse ein besonderes Angriffs- oder Vertheidigungsmittel geltend gemacht, so sind die übrigen Streitgenossen für die durch dasselbe veranlaßten Kosten nicht verhaftet.

Durch die Bestimmungen dieses Paragraphen wird eine nach den Vorschriften des bürgerlichen Rechts begründete Verpflichtung, wegen der Kosten solidarisch zu haften, nicht berührt.

§ 96. Die Bestimmungen der §§ 87—93 finden auch auf die durch eine Nebenintervention verursachten Kosten Anwendung.

Gilt der Nebenintervenient als Streitgenosse der Hauptpartei (§ 66), so sind die Vorschriften des § 95 maßgebend.

§ 97. Gerichtsschreiber, gesetzliche Vertreter, Rechtsanwälte und andere Bevollmächtigte sowie Gerichtsvollzieher können durch das Prozeßgericht auch von Amtswegen zur Tragung derjenigen Kosten verurtheilt werden, welche sie durch grobes Verschulden veranlaßt haben.

Die Entscheidung kann ohne mündliche Verhandlung erfolgen. Vor der Entscheidung ist der Betheiligte zu hören.

Gegen die Entscheidung findet sofortige Beschwerde statt.

§ 98. Der Anspruch auf Erstattung der Prozeßkosten kann nur auf Grund eines zur Zwangsvollstreckung geeigneten Titels geltend gemacht werden.

Das Gesuch um Festsetzung des zu erstattenden Betrags ist bei dem Gericht erster Instanz anzubringen; es kann vor dem Gerichtsschreiber zu Protokoll erklärt werden. Die Kostenberechnung, die zur Mittheilung an den Gegner bestimmte Abschrift derselben und die zur Rechtfertigung der einzelnen Ansätze dienenden Belege sind beizufügen.

Anm. Vgl. G. G. § 49 Nr. 4 und § 59.

§ 99 Abs. 1, 2. Die Entscheidung über das Festsetzungsgesuch kann ohne vorgängige mündliche Verhandlung erfolgen.

Zur Berücksichtigung eines Ansatzes genügt, daß derselbe glaubhaft gemacht ist.

Anm. Die Entscheidung ist nicht anfechtbar; vgl. G. G. § 55 Abs. 1.

§ 100. Sind die Prozeßkosten ganz oder theilweise nach Quoten vertheilt, so hat die Partei den Gegner vor Anbringung des Festsetzungsgesuchs aufzufordern, die Berechnung seiner Kosten binnen einer einwöchigen Frist bei dem Gerichte einzureichen. Nach fruchtlosem Ablaufe der Frist erfolgt die Entscheidung ohne Rücksicht auf die Kosten des Gegners, unbeschadet des Rechts des letzteren, den Anspruch auf Erstattung nachträglich geltend zu machen. Der Gegner haftet für die Mehrkosten, welche durch das nachträgliche Verfahren entstehen.

Dritter Abschnitt. Verfahren.

Erster Titel. Mündliche Verhandlung.

§ 119. Die Verhandlung der Parteien über den Rechtsstreit vor dem erkennenden Gerichte ist eine mündliche.

§ 127. Der Vorsitzende eröffnet und leitet die mündliche Verhandlung.

Er ertheilt das Wort und kann es demjenigen, welcher seinen Anordnungen nicht Folge leistet, entziehen.

Er hat Sorge zu tragen, daß die Sache erschöpfende Erörterung finde und die Verhandlung ohne Unterbrechung zu Ende geführt werde; erforderlichenfalls hat er die Sitzung zur Fortsetzung der Verhandlung sofort zu bestimmen.

Er schließt die Verhandlung, wenn nach Ansicht des Gerichts die Sache vollständig erörtert ist, und verkündet die Urtheile und Beschlüsse des Gerichts.

Anm. Vgl. G. G. §§ 40 und 53.

§ 129. Jede Partei hat sich über die von dem Gegner behaupteten Thatsachen zu erklären.

Thatsachen, welche nicht ausdrücklich bestritten werden, sind als zugestanden anzusehen, wenn nicht die Absicht, sie bestreiten zu wollen, aus den übrigen Erklärungen der Partei hervorgeht.

Eine Erklärung mit Nichtwissen ist nur über Thatsachen zulässig, welche weder eigene Handlungen der Partei noch Gegenstand ihrer eigenen Wahrnehmung gewesen sind.

§ 136. Das Gericht kann anordnen, daß mehrere in einer Klage erhobene Ansprüche in getrennten Prozessen verhandelt werden.

Dasselbe gilt, wenn der Beklagte eine Gegenforderung vorgebracht hat, welche mit der in der Klage geltend gemachten Forderung nicht in rechtlichem Zusammenhange steht.

§ 137. Das Gericht kann anordnen, daß bei mehreren auf denselben Anspruch sich beziehenden selbständigen Angriffs- oder Vertheidigungsmitteln (Klagegründen, Einreden, Repliken ꝛc.) die Verhandlung zunächst auf eines oder einige dieser Angriffs- oder Vertheidigungsmittel zu beschränken sei.

§ 138. Das Gericht kann die Verbindung mehrerer bei ihm anhängiger Prozesse derselben oder verschiedener Parteien zum Zwecke der gleichzeitigen Verhandlung und Entscheidung anordnen, wenn die

Ansprüche, welche den Gegenstand dieser Prozesse bilden, in rechtlichem Zusammenhange stehen oder in einer Klage hätten geltend gemacht werden können.

§ 139. Das Gericht kann, wenn die Entscheidung des Rechtsstreits ganz oder zum Theil von dem Bestehen oder Nichtbestehen eines Rechtsverhältnisses abhängt, welches den Gegenstand eines anderen anhängigen Rechtsstreits bildet oder von einer Verwaltungsbehörde festzustellen ist, anordnen, daß die Verhandlung bis zur Erledigung des anderen Rechtsstreits oder bis zur Entscheidung der Verwaltungsbehörde auszusetzen sei.

§ 140. Das Gericht kann, wenn sich im Laufe eines Rechtsstreits der Verdacht einer strafbaren Handlung ergiebt, deren Ermittelung auf die Entscheidung von Einfluß ist, die Aussetzung der Verhandlung bis zur Erledigung des Strafverfahrens anordnen.

§ 141. Das Gericht kann die von ihm erlassenen, eine Trennung, Verbindung oder Aussetzung betreffenden Anordnungen wieder aufheben.

§ 142. Das Gericht kann die Wiedereröffnung einer Verhandlung, welche geschlossen war, anordnen.

§ 144. Ist eine bei der Verhandlung betheiligte Person zur Aufrechthaltung der Ordnung von dem Orte der Verhandlung entfernt worden, so kann auf Antrag gegen sie in gleicher Weise verfahren werden, als wenn sie freiwillig sich entfernt hätte. Dasselbe 2c.

G. G. § 47. Ueber die Verhandlung vor dem Gewerbegericht ist ein Protokoll aufzunehmen. Dasselbe ist von dem Vorsitzenden und dem Gerichtsschreiber zu unterzeichnen.

§ 145 Abs. 2. Das Protokoll enthält:

1. den Ort und den Tag der Verhandlung;
2. die Namen der Richter, des Gerichtsschreibers und des etwa zugezogenen Dolmetschers;
3. die Bezeichnung des Rechtsstreits;
4. die Namen der erschienenen Parteien, gesetzlichen Vertreter, Bevollmächtigten und Beistände;
5. die Angabe, daß öffentlich verhandelt oder die Oeffentlichkeit ausgeschlossen ist.

§ 146. Der Gang der Verhandlung ist nur im Allgemeinen anzugeben.

Durch Aufnahme in das Protokoll sind festzustellen:

1. die Anerkenntnisse, Verzichtleistungen und Vergleiche, durch welche der geltend gemachte Anspruch ganz oder theilweise erledigt wird;
2. 2c.;
3. die Aussagen der Zeugen und Sachverständigen, sofern die-

selben früher nicht abgehört waren oder von ihrer früheren Aussage abweichen;
4. das Ergebniß eines Augenscheins;
5. die Entscheidungen (Urtheile, Beschlüsse und Verfügungen) des Gerichts, sofern sie nicht dem Protokolle schriftlich beigefügt sind;
6. die Verkündung der Entscheidungen.

Der Aufnahme in das Protokoll steht die Aufnahme in eine Schrift gleich, welche dem Protokolle als Anlage beigefügt und als solche in demselben bezeichnet ist.

§ 470. (Verfahren vor den Amtsgerichten.) Anträge und Erklärungen einer Partei sind durch das Sitzungsprotokoll insoweit festzustellen, als das Gericht bei dem Schlusse derjenigen mündlichen Verhandlung, auf welche das Urtheil oder ein Beweisbeschluß ergeht, die Feststellung für angemessen erachtet.

Geständnisse sowie die Erklärungen über Annahme oder Zurückschiebung zugeschobener Eide sind auf Antrag durch das Protokoll festzustellen.

§ 147. Die Feststellung der Aussagen der Zeugen und Sachverständigen kann unterbleiben, wenn die Vernehmung vor dem Prozeßgericht erfolgt und das Endurtheil der Berufung nicht unterliegt. In diesem Falle ist in dem Protokolle nur zu bemerken, daß die Vernehmung stattgefunden habe.

§ 148. Das Protokoll ist insoweit, als es die Nr. 1—4 des § 146 betrifft, den Betheiligten vorzulesen oder zur Durchsicht vorzulegen. In dem Protokolle ist zu bemerken, daß dies geschehen und die Genehmigung erfolgt sei oder welche Einwendungen erhoben sind.

§ 150. Die Beobachtung der für die mündliche Verhandlung vorgeschriebenen Förmlichkeiten kann nur durch das Protokoll bewiesen werden. Gegen den diese Förmlichkeiten betreffenden Inhalt desselben ist nur der Nachweis der Fälschung zulässig.

§ 151. Zu den Verhandlungen, welche außerhalb der Sitzung vor Amtsrichtern oder vor beauftragten oder ersuchten Richtern stattfinden, ist der Gerichtsschreiber gleichfalls zuzuziehen.

Zweiter Titel. Zustellungen.

G. G. § 30. Die Zustellungen in dem Verfahren vor den Gewerbegerichten erfolgen von Amtswegen.

Urtheile und Beschlüsse, gegen welche ein Rechtsmittel stattfindet, sind den Parteien zuzustellen, soweit diese nicht auf die Zustellung verzichten. Sonstige Urtheile und Beschlüsse sind einer Partei nur zuzustellen, wenn sie nicht in Anwesenheit derselben verkündet sind. Auf Verlangen einer Partei ist derselben auch Ausfertigung eines in ihrer Anwesenheit verkündeten Urtheils oder Beschlusses zu ertheilen.

Anträge und Erklärungen einer Partei, welche zugestellt werden sollen, sind bei dem Gericht einzureichen oder mündlich zum Protokoll des Gerichtsschreibers anzubringen.

Sofern durch die Zustellung eine Frist gewahrt oder die Verjährung unterbrochen werden soll, tritt diese Wirkung, wenn die Zustellung demnächst erfolgt, bereits mit der Einreichung oder Anbringung des Antrags oder der Erklärung ein.

§ 156 Abs. 1. Die Zustellung besteht, wenn eine Ausfertigung zugestellt werden soll, in deren Uebergabe, in den übrigen Fällen in der Uebergabe einer beglaubigten Abschrift des zuzustellenden Schriftstücks.

G. G. § 31. Der Gerichtsschreiber hat für die Bewirkung der Zustellung Sorge zu tragen und die bei derselben zu übergebenden Abschriften zu beglaubigen.

Er hat das zu übergebende Schriftstück in einem verschlossenen, mit der Adresse der Person, an welche zugestellt werden soll, sowie mit einer Geschäftsnummer versehenen Briefumschlage dem Zustellungsbeamten und im Falle der Zustellung durch die Post dieser zur Zustellung zu übergeben. Auf den Briefumschlag ist der Vermerk zu setzen: Vereinfachte Zustellung.

Die auf dem Briefumschlage angegebene Geschäftsnummer ist in den Akten zu vermerken.

Erfolgt die Zustellung durch die Post, so ist eine Bescheinigung der Uebergabe an die Post (Civilprozessordnung §§ 177, 179) nicht erforderlich.

§ 157. Die Zustellungen, welche an eine Partei bewirkt werden sollen, erfolgen für die nicht prozeßfähigen Personen an die gesetzlichen Vertreter derselben.

Bei Behörden, Gemeinden und Korporationen, sowie bei Personenvereinen, welche als solche klagen und verklagt werden können, genügt die Zustellung an die Vorsteher.

Bei mehreren gesetzlichen Vertretern, sowie bei mehreren Vorstehern genügt die Zustellung an einen derselben.

§ 158. Die Zustellung für einen Unteroffizier oder einen Gemeinen des aktiven Heeres oder der aktiven Marine erfolgt an den Chef der zunächst vorgesetzten Kommandobehörde (Chef der Kompagnie, Eskadron, Batterie u. s. w.).

§ 159. Die Zustellung erfolgt an den Generalbevollmächtigten, sowie in den durch den Betrieb eines Handelsgewerbes hervorgerufenen Rechtsstreitigkeiten an den Prokuristen mit gleicher Wirkung, wie an die Partei selbst.

§ 162. Zustellungen, welche in einem anhängigen Rechtsstreite geschehen sollen, müssen an den für die Instanz bestellten Prozeßbevollmächtigten erfolgen.

§ 163. Als zu der Instanz gehörig sind im Sinne des vorstehenden Paragraphen auch diejenigen Prozeßhandlungen anzusehen, welche das Verfahren vor dem Instanzgerichte in Folge eines Einspruchs, einer Aufhebung des Urtheils des Instanzgerichts, einer Wiederaufnahme des Verfahrens oder eines neuen Vorbringens in der Zwangsvollstreckungsinstanz zum Gegenstande haben. Das Verfahren vor dem Vollstreckungsgerichte ist als zur ersten Instanz gehörig anzusehen.

§ 165. Die Zustellungen können an jedem Orte erfolgen, wo die Person, welcher zugestellt werden soll, angetroffen wird.

Hat die Person an diesem Orte eine Wohnung oder ein Geschäftslokal, so ist die außerhalb der Wohnung oder des Geschäftslokals an sie erfolgte Zustellung nur gültig, wenn die Annahme nicht verweigert ist.

§ 166. Wird die Person, welcher zugestellt werden soll, in ihrer Wohnung nicht angetroffen, so kann die Zustellung in der Wohnung an einen zu der Familie gehörenden erwachsenen Hausgenossen oder an eine in der Familie dienende erwachsene Person erfolgen.

Wird eine solche Person nicht angetroffen, so kann die Zustellung an den in demselben Hause wohnenden Hauswirth oder Vermiether erfolgen, wenn diese zur Annahme des Schriftstücks bereit sind.

§ 167. Ist die Zustellung nach diesen Bestimmungen nicht ausführbar, so kann sie dadurch erfolgen, daß das zu übergebende Schriftstück auf der Gerichtsschreiberei des Amtsgerichts, in dessen Bezirke der Ort der Zustellung gelegen ist, oder an diesem Orte bei der Postanstalt oder dem Gemeindevorsteher oder dem Polizeivorsteher niedergelegt und die Niederlegung sowohl durch eine an der Thür der Wohnung zu befestigende schriftliche Anzeige, als auch, soweit thunlich, durch mündliche Mittheilung an zwei in der Nachbarschaft wohnende Personen bekannt gemacht wird.

§ 168. Für Gewerbetreibende, welche ein besonderes Geschäftslokal haben, kann, wenn sie in dem Geschäftslokale nicht angetroffen werden, die Zustellung an einen darin anwesenden Gewerbegehülfen erfolgen.

Wird ein Rechtsanwalt, welchem zugestellt werden soll, in seinem Geschäftslokale nicht angetroffen, so kann die Zustellung an einen darin anwesenden Gehülfen oder Schreiber erfolgen.

§ 169. Wird der gesetzliche Vertreter oder der Vorsteher einer Behörde, einer Gemeinde, einer Korporation oder eines Personenvereins, welchem zugestellt werden soll, in dem Geschäftslokale während der gewöhnlichen Geschäftsstunden nicht angetroffen, oder ist er an der

Annahme verhindert, so kann die Zustellung an einen anderen in dem Geschäftslokale anwesenden Beamten oder Bediensteten bewirkt werden.

Wird der gesetzliche Vertreter oder der Vorsteher in seiner Wohnung nicht angetroffen, so finden die Bestimmungen der §§ 166, 167 nur Anwendung, wenn ein besonderes Geschäftslokal nicht vorhanden ist.

§ 170. Wird die Annahme der Zustellung ohne gesetzlichen Grund verweigert, so ist das zu übergebende Schriftstück am Orte der Zustellung zurückzulassen.

§ 171. An Sonntagen und allgemeinen Feiertagen darf eine Zustellung, sofern sie nicht durch Aufgabe zur Post bewirkt wird, nur mit richterlicher Erlaubniß erfolgen.

Die Erlaubniß wird von dem Vorsitzenden des Prozeßgerichts ertheilt; sie kann auch von dem Amtsrichter, in dessen Bezirke die Zustellung erfolgen soll, und in Angelegenheiten, welche durch einen beauftragten oder ersuchten Richter zu erledigen sind, von diesem ertheilt werden.

Die Verfügung, durch welche die Erlaubniß ertheilt wird, ist bei der Zustellung abschriftlich mitzutheilen.

Eine Zustellung, bei welcher die Bestimmungen dieses Paragraphen nicht beobachtet sind, ist gültig, wenn die Annahme nicht verweigert ist.

§ 172. Ist bei einer Zustellung an den Vertreter mehrerer Betheiligter oder an einen von mehreren Vertretern die Uebergabe der Ausfertigung oder Abschrift eines Schriftstücks erforderlich, so genügt die Uebergabe nur einer Ausfertigung oder Abschrift.

Einem Zustellungsbevollmächtigten mehrerer Betheiligter sind so viele Ausfertigungen oder Abschriften zu übergeben, als Betheiligte vorhanden sind.

§ 173 Abs. 1. Ueber die Zustellung ist eine Urkunde aufzunehmen.

G. G. § 32. Die von dem Zustellungsbeamten oder dem Postboten aufzunehmende Zustellungsurkunde muss die Art und Weise, in welcher der seiner Adresse und seiner Geschäftsnummer nach bezeichnete Briefumschlag übergeben ist, insbesondere den Ort und die Zeit der Uebergabe, sowie die Person, welcher zugestellt ist, bezeichnen und, wenn die Zustellung nicht an den Adressaten persönlich erfolgt ist, den Grund hiervon angeben. Die Urkunde ist von dem die Zustellung vollziehenden Beamten zu unterschreiben.

Bei der Zustellung wird eine Abschrift der Zustellungsurkunde nicht übergeben. Der Tag der Zustellung ist von dem zustellenden Beamten auf dem Briefumschlage zu vermerken.

§ 182. Eine im Auslande zu bewirkende Zustellung erfolgt mittels Ersuchens der zuständigen Behörde des fremden Staates oder des in diesem Staate residirenden Konsuls oder Gesandten des Reichs.

§ 183. Zustellungen an Deutsche, welche das Recht der Exterritorialität genießen, erfolgen, wenn dieselben zur Mission des Reichs gehören, mittels Ersuchens des Reichskanzlers; wenn dieselben zur Mission eines Bundesstaates gehören, mittels Ersuchens des Ministers der auswärtigen Angelegenheiten dieses Bundesstaates.

Zustellungen an die Vorsteher der Reichskonsulate erfolgen mittels Ersuchens des Reichskanzlers.

§ 184. Zustellungen an Personen, welche zu einem im Auslande befindlichen oder zu einem mobilen Truppentheile oder zur Besatzung eines in Dienst gestellten Kriegsfahrzeuges gehören, können mittels Ersuchens der vorgesetzten Kommandobehörde erfolgen.

§ 185. Die erforderlichen Ersuchungsschreiben werden von dem Vorsitzenden des Prozeßgerichts erlassen.

Die Zustellung wird durch das schriftliche Zeugniß der ersuchten Behörden oder Beamten, daß die Zustellung erfolgt sei, nachgewiesen.

§ 186. Ist der Aufenthalt einer Partei unbekannt, so kann die Zustellung durch öffentliche Bekanntmachung erfolgen.

Die öffentliche Zustellung ist auch dann zulässig, wenn bei einer im Auslande zu bewirkenden Zustellung die Befolgung der für diese bestehenden Vorschriften unausführbar ist oder keinen Erfolg verspricht.

§ 187. Die öffentliche Zustellung wird, nachdem sie auf ein Gesuch der Partei vom Prozeßgerichte bewilligt ist, durch den Gerichtsschreiber von Amtswegen besorgt. Die Entscheidung über das Gesuch kann ohne vorgängige mündliche Verhandlung erlassen werden.

Die öffentliche Zustellung erfolgt durch Anheftung einer beglaubigten Abschrift des zuzustellenden Schriftstücks an die Gerichtstafel. Enthält das Schriftstück eine Ladung, so ist außerdem die zweimalige Einrückung eines Auszugs des Schriftstücks in dasjenige Blatt, welches für den Sitz des Prozeßgerichts zur Veröffentlichung der amtlichen Bekanntmachungen bestimmt ist, sowie die einmalige Einrückung des Auszugs in den Deutschen Reichsanzeiger erforderlich.

Das Prozeßgericht kann anordnen, daß der Auszug noch in andere Blätter und zu mehreren Malen eingerückt werde.

§ 188. In dem Auszuge des Schriftstücks müssen das Prozeßgericht, die Parteien, der Gegenstand des Prozesses, der Antrag, der Zweck der Ladung und die Zeit, zu welcher der Geladene erscheinen soll, bezeichnet werden.

§ 189. Das eine Ladung enthaltende Schriftstück gilt als an dem Tage zugestellt, an welchem seit der letzten Einrückung des Auszugs in die öffentlichen Blätter ein Monat verstrichen ist. Das Prozeßgericht kann bei Bewilligung der öffentlichen Zustellung den Ablauf einer längeren Frist für erforderlich erklären.

Enthält das Schriftstück keine Ladung, so ist dasselbe als zugestellt anzusehen, wenn seit der Anheftung des Schriftstücks an die Gerichtstafel zwei Wochen verstrichen sind.

Auf die Gültigkeit der Zustellung hat es keinen Einfluß, wenn das anzuheftende Schriftstück von dem Orte der Anheftung zu früh entfernt wird.

§ 190. Wird auf ein Gesuch, welches die Zustellung eines demselben beigefügten Schriftstücks mittels Ersuchens anderer Behörden oder Beamten oder mittels öffentlicher Bekanntmachung betrifft, die Zustellung demnächst bewirkt, so treten, insoweit durch die Zustellung eine Frist gewahrt und der Lauf der Verjährung oder einer Frist unterbrochen wird, die Wirkungen der Zustellung bereits mit der Ueberreichung des Gesuchs ein.

Anm. Vgl. G. G. § 30 Abs. 4.

Dritter Titel. Ladungen, Termine, Fristen.

G. G. § 33. Die zur Erledigung des Rechtsstreits erforderlichen Verhandlungstermine werden von dem Vorsitzenden von Amtswegen angesetzt. Nach Ansetzung des Termins ist die Ladung der Parteien durch den Gerichtsschreiber zu veranlassen. Ladungen durch die Parteien finden nicht statt.

Die Zustellung der Ladung muss spätestens am Tage vor dem Termin erfolgen.

Die Zustellung der Ladung an eine Partei ist nicht erforderlich, wenn der Termin in Anwesenheit derselben verkündet oder ihr bei Einreichung oder Anbringung der Klage oder des Antrags, auf Grund dessen die Terminsbestimmung stattfindet, mitgetheilt worden ist. Die erfolgte Mittheilung ist zu den Akten zu vermerken.

§ 196. Die Termine werden an der Gerichtsstelle abgehalten, sofern nicht die Einnahme eines Augenscheins an Ort und Stelle, die Verhandlung mit einer am Erscheinen vor Gericht verhinderten Person oder eine sonstige Handlung erforderlich ist, welche an der Gerichtsstelle nicht vorgenommen werden kann.

Die Landesherren und die Mitglieder der landesherrlichen Familien sowie die Mitglieder der Fürstlichen Familie Hohenzollern sind nicht verpflichtet, persönlich an der Gerichtsstelle zu erscheinen.

§ 197. Der Termin beginnt mit dem Aufrufe der Sache.

Der Termin ist von einer Partei versäumt, wenn sie bis zum Schlusse desselben nicht verhandelt.

§ 198. Der Lauf einer richterlichen Frist beginnt, sofern nicht bei Festsetzung derselben ein Anderes bestimmt wird, mit der Zustellung des Schriftstücks, in welchem die Frist festgesetzt ist, und, wenn es einer solchen Zustellung nicht bedarf, mit der Verkündung der Frist.

Der Lauf einer gesetzlichen oder richterlichen Frist, deren Beginn von einer Zustellung abhängig ist, beginnt mit dieser auch gegen diejenige Partei, welche die Zustellung hat bewirken lassen.

§ 199. Bei der Berechnung einer Frist, welche nach Tagen bestimmt ist, wird der Tag nicht mitgerechnet, auf welchen der Zeitpunkt oder das Ereigniß fällt, nach welchem der Anfang der Frist sich richten soll.

§ 200. Eine Frist, welche nach Wochen oder Monaten bestimmt ist, endigt mit Ablauf desjenigen Tages der letzten Woche oder des letzten Monats, welcher durch seine Benennung oder Zahl dem Tage entspricht, an welchem die Frist begonnen hat; fehlt dieser Tag in dem letzten Monate, so endigt die Frist mit Ablauf des letzten Tages dieses Monats.

Fällt das Ende einer Frist auf einen Sonntag oder allgemeinen Feiertag, so endigt die Frist mit Ablauf des nächstfolgenden Werktages.

§ 201 Abs. 3. Nothfristen sind nur diejenigen Fristen, welche in diesem Gesetz als solche bezeichnet werden.

§ 202. Durch Vereinbarung der Parteien können Fristen, mit Ausnahme der Nothfristen, verlängert oder abgekürzt werden.

Auf Antrag können richterliche und gesetzliche Fristen abgekürzt oder verlängert werden, wenn erhebliche Gründe glaubhaft gemacht sind, gesetzliche Fristen jedoch nur in den besonders bestimmten Fällen.

Im Falle der Verlängerung wird die neue Frist von dem Ablaufe der vorigen Frist an berechnet, wenn nicht im einzelnen Falle ein Anderes bestimmt ist.

§ 203. Ueber das Gesuch um Abkürzung oder Verlängerung einer Frist kann ohne vorgängige mündliche Verhandlung entschieden werden.

Die Abkürzung oder wiederholte Verlängerung darf nur nach vorgängigem Gehör des Gegners bewilligt werden.

Eine Anfechtung des Beschlusses, durch welchen das Gesuch um Verlängerung einer Frist zurückgewiesen ist, findet nicht statt.

§ 205. Die Parteien können die Aufhebung eines Termins vereinbaren.

Wird die Verlegung eines Termins beantragt, so finden die Bestimmungen über Verlängerung einer Frist entsprechende Anwendung.

§ 206. Die Verlegung eines Termins, die Vertagung einer Verhandlung und die Anberaumung eines Termins zur Fortsetzung der Verhandlung kann auch von Amtswegen erfolgen.

§ 207. Die in diesem Titel dem Gericht und dem Vorsitzenden beigelegten Befugnisse stehen dem beauftragten oder ersuchten Richter in Bezug auf die von diesen zu bestimmenden Termine und Fristen zu.

Vierter Titel. Folgen der Versäumung. Wiedereinsetzung in den vorigen Stand.

§ 208. Die Versäumung einer Prozeßhandlung hat zur allgemeinen Folge, daß die Partei mit der vorzunehmenden Prozeßhandlung ausgeschlossen wird.

§ 209. Einer Androhung der gesetzlichen Folgen der Versäumung bedarf es nicht; dieselben treten von selbst ein, sofern nicht dieses Gesetz einen auf Verwirklichung des Rechtsnachtheils gerichteten Antrag erfordert.

Im letzteren Falle kann, so lange nicht der Antrag gestellt und die mündliche Verhandlung über denselben geschlossen ist, die versäumte Prozeßhandlung nachgeholt werden.

§ 210. Auf Grund der den Minderjährigen und den ihnen gleichgestellten Personen als solchen zustehenden Rechte findet die Aufhebung der Folgen einer Versäumung nicht statt.

Insofern die Aufhebung der Folgen einer unverschuldeten Versäumung zulässig ist, wird eine Versäumung, welche in der Verschuldung eines Vertreters ihren Grund hat, als eine unverschuldete nicht angesehen.

§ 211. Einer Partei, welche durch Naturereignisse oder andere unabwendbare Zufälle verhindert worden ist, eine Nothfrist einzuhalten, ist auf Antrag die Wiedereinsetzung in den vorigen Stand zu ertheilen.

Hat eine Partei die Einspruchsfrist versäumt, so ist ihr die Wiedereinsetzung auch dann zu ertheilen, wenn sie von der Zustellung des Versäumnißurtheils ohne ihr Verschulden keine Kenntniß erlangt hat.

§ 212. Die Wiedereinsetzung muß innerhalb einer zweiwöchigen Frist beantragt werden.

Die Frist beginnt mit dem Tage, an welchem das Hinderniß gehoben ist; sie kann durch Vereinbarung der Parteien nicht verlängert werden.

Nach Ablauf eines Jahres, von dem Ende der versäumten Nothfrist an gerechnet, kann die Wiedereinsetzung nicht mehr beantragt werden.

§ 213. Die Wiedereinsetzung in den vorigen Stand gegen die Versäumung einer Nothfrist ist der Partei auf Antrag auch dann zu ertheilen, wenn spätestens am dritten Tage vor Ablauf der Nothfrist das zur Wahrung derselben zuzustellende Schriftstück dem Gerichtsvollzieher oder, insoweit die Zustellung unter Vermittelung des Gerichtsschreibers zulässig ist, dem Gerichtsschreiber zum Zwecke der Zustellung übergeben ist.

Die Wiedereinsetzung muß innerhalb einer einmonatigen Frist nach Ablauf der versäumten Nothfrist beantragt werden.

Anm. Vgl. G. G. § 30 Abs. 4.

§ 214. Die Wiedereinsetzung wird durch Zustellung eines Schriftsatzes beantragt. Derselbe muß enthalten:

1. die Angabe der die Wiedereinsetzung begründenden Thatsachen;
2. die Angabe der Mittel für deren Glaubhaftmachung;
3. die Nachholung der versäumten Prozeßhandlung oder, wenn diese bereis nachgeholt ist, die Bezugnahme hierauf.

Ist die Einlegung der sofortigen Beschwerde versäumt worden, so wird der Antrag auf Wiedereinsetzung durch Einreichung des Schriftsatzes bei Gericht gestellt. Die Einreichung kann sowohl bei dem Gerichte, von welchem die angefochtene Entscheidung erlassen ist, als auch bei dem Beschwerdegericht erfolgen.

Im Falle des § 213 kann die Wiedereinsetzung auch in dem für die mündliche Verhandlung bestimmten Termine ohne vorgängige Zustellung eines Schriftsatzes beantragt werden, wenn die Zustellung der Ladung zu dem Termin innerhalb der einmonatigen Frist nach Ablauf der versäumten Nothfrist erfolgt ist.

Anm. Vgl. G. G. § 30 Abs. 1, 3.

§ 215. Ueber den Antrag auf Wiedereinsetzung entscheidet das Gericht, welchem die Entscheidung über die nachgeholte Prozeßhandlung zusteht.

§ 216. Das Verfahren über den Antrag auf Wiedereinsetzung ist mit dem Verfahren über die nachgeholte Prozeßhandlung zu verbinden. Das Gericht kann jedoch das Verfahren zunächst auf die Verhandlung und Entscheidung über den Antrag beschränken.

Auf die Entscheidung über die Zulässigkeit des Antrags und auf die Anfechtung der Entscheidung finden die Vorschriften Anwendung, welche in diesen Beziehungen für die nachgeholte Prozeßhandlung gelten. Der Partei, welche den Antrag gestellt hat, steht jedoch der Einspruch nicht zu.

Die Kosten der Wiedereinsetzung fallen dem Antragsteller zur Last, soweit sie nicht durch einen unbegründeten Widerspruch des Gegners entstanden sind.

Zweites Buch. Verfahren in erster Instanz.

Erster Titel. Verfahren bis zum Urtheil.

§ 457. (Verfahren vor den Amtsgerichten.) Die Klage kann bei dem Gerichte schriftlich eingereicht oder zum Protokolle des Gerichtsschreibers angebracht werden.

§ 230 Abs. 1. Die . . . Klage . . . muß enthalten:
1. die Bezeichnung der Parteien und des Gerichts;
2. die bestimmte Angabe des Gegenstandes und des Grundes des erhobenen Anspruchs, sowie einen bestimmten Antrag;
3. ꝛc.

§ 231. Auf Feststellung des Bestehens oder Nichtbestehens eines Rechtsverhältnisses auf Anerkennung einer Urkunde oder auf Feststellung der Unechtheit derselben kann Klage erhoben werden, wenn der Kläger ein rechtliches Interesse daran hat, daß das Rechtsverhältniß oder die Echtheit oder Unechtheit der Urkunde durch richterliche Entscheidung alsbald festgestellt werde.

§ 232. Mehrere Ansprüche des Klägers gegen denselben Beklagten können, auch wenn sie auf verschiedenen Gründen beruhen, in einer Klage verbunden werden, wenn für sämmtliche Ansprüche das Prozeßgericht zuständig und dieselbe Prozeßart zulässig ist.

Die Besitzklage und die Klage, durch welche das Recht selbst geltend gemacht wird, können nicht in einer Klage verbunden werden.

G. G. § 34. Nachdem die Klage eingereicht oder zum Protokolle des Gerichtsschreibers angebracht ist, hat der Vorsitzende einen möglichst nahen Termin zur Verhandlung anzusetzen.

Die Klage gilt, unbeschadet der Bestimmung im § 30 Absatz 4, erst mit der Zustellung an den Beklagten als erhoben.

G. G. § 35. An ordentlichen Gerichtstagen können die Parteien zur Verhandlung des Rechtsstreits ohne Terminsbestimmung und Ladung vor dem Gericht erscheinen.

Die Erhebung der Klage erfolgt in diesem Falle durch den mündlichen Vortrag derselben. Die Klage ist zu Protokoll zu nehmen, falls die Sache streitig bleibt.

§ 235. Durch die Erhebung der Klage wird die Rechtshängigkeit der Streitsache begründet.

Die Rechtshängigkeit hat folgende Wirkungen:
1. wenn während der Dauer der Rechtshängigkeit von einer Partei die Streitsache anderweit anhängig gemacht wird, so kann der Gegner die Einrede der Rechtshängigkeit erheben;
2. die Zuständigkeit des Prozeßgerichts wird durch eine Veränderung der sie begründenden Umstände nicht berührt;
3. der Kläger ist nicht berechtigt, ohne Einwilligung des Beklagten die Klage zu ändern.

§ 236. Die Rechtshängigkeit schließt das Recht der einen oder der andern Partei nicht aus, die in Streit befangene Sache zu veräußern oder den geltend gemachten Anspruch zu cediren.

Die Veräußerung oder Cession hat auf den Prozeß keinen Einfluß. Der Rechtsnachfolger ist nicht berechtigt, ohne Zustimmung des Gegners den Prozeß als Hauptpartei an Stelle des Rechtsvorgängers zu übernehmen oder eine Hauptintervention zu erheben. Tritt der Rechtsnachfolger als Nebenintervenient auf, so findet der § 66 keine Anwendung.

Die Entscheidung ist in Ansehung der Sache selbst auch gegen den Rechtsnachfolger wirksam und vollstreckbar.

§ 238. Die Bestimmungen des § 236 Absatz 3 und des § 237 kommen insoweit nicht zur Anwendung, als ihnen Vorschriften des bürgerlichen Rechts über den Erwerb beweglicher Sachen, über den Erwerb auf Grund des Grund- oder Hypothekenbuchs und über den Erwerb in gutem Glauben entgegenstehen. In einem solchen Falle kann dem Kläger, welcher veräußert oder cedirt hat, der Einwand der nunmehr mangelnden Sachlegitimation entgegengesetzt werden.

§ 239. Die Vorschriften des bürgerlichen Rechts über die sonstigen Wirkungen der Rechtshängigkeit bleiben unberührt. Diese Wirkungen, sowie alle Wirkungen, welche durch die Vorschriften des bürgerlichen Rechts an die Anstellung, Mittheilung oder gerichtliche Anmeldung der Klage, an die Ladung oder Einlassung des Beklagten geknüpft werden, treten unbeschadet der Vorschrift des § 190 mit der Erhebung der Klage ein.

§ 240. Als eine Aenderung der Klage ist es nicht anzusehen, wenn ohne Aenderung des Klagegrundes

1. die thatsächlichen oder rechtlichen Anführungen ergänzt oder berichtigt werden:
2. der Klagantrag in der Hauptsache oder in Bezug auf Nebenforderungen erweitert oder beschränkt wird;
3. statt des ursprünglich geforderten Gegenstandes wegen einer später eingetretenen Veränderung ein anderer Gegenstand oder das Interesse gefordert wird.

§ 241. Die Einwilligung des Beklagten in die Aenderung der Klage ist anzunehmen, wenn derselbe, ohne der Aenderung zu widersprechen, sich in einer mündlichen Verhandlung auf die abgeänderte Klage eingelassen hat.

§ 242. Eine Anfechtung der Entscheidung, daß eine Aenderung der Klage nicht vorliege, findet nicht statt.

§ 243 Abs. 1, 3 u. 4. Die Klage kann ohne Einwilligung des Beklagten nur bis zum Beginne der mündlichen Verhandlung des Beklagten zur Hauptsache zurückgenommen werden.

Die Zurücknahme der Klage hat zur Folge, daß der Rechtsstreit als nicht anhängig geworden anzusehen ist; sie verpflichtet den Kläger, die Kosten des Reichtsstreits zu tragen, sofern nicht über dieselben bereits rechtskräftig erkannt ist. Auf Antrag des Beklagten ist diese Verpflichtung durch Urtheil auszusprechen.

Wird die Klage von neuem angestellt, so kann der Beklagte die Einlassung verweigern, bis die Kostenerstattung erfolgt ist.

G. G. § 36. Die Verhandlung vor dem erkennenden Gericht einschliesslich der Verkündung der Urtheile und Beschlüsse desselben erfolgt öffentlich.

Durch das Gericht kann die Oeffentlichkeit für die Verhandlung oder für einen Theil derselben nach Massgabe der Vorschriften in den §§ 173 bis 175 des Gerichtsverfassungsgesetzes ausgeschlossen werden.

Die Vorschriften der §§ 176 bis 193 des Gerichtsverfassungsgesetzes über die Aufrechterhaltung der Ordnung in den Sitzungen und über die Gerichtssprache finden Anwendung.

§ 246. Die mündliche Verhandlung erfolgt nach den allgemeinen Vorschriften.

§ 247. Prozeßhindernde Einreden sind gleichzeitig und vor der Verhandlung des Beklagten zur Hauptsache vorzubringen.

Als solche Einreden sind nur anzusehen:

1. die Einrede der Unzuständigkeit des Gerichts,
2. die Einrede der Unzulässigkeit des Rechtswegs,
3. die Einrede der Rechtshängigkeit,
4. die Einrede der mangelnden Sicherheit für die Prozeßkosten,
5. die Einrede, daß die zur Erneuerung des Rechtsstreits erforderliche Erstattung der Kosten des früheren Verfahrens noch nicht erfolgt sei,
6. die Einrede der mangelnden Prozeßfähigkeit oder der mangelnden gesetzlichen Vertretung.

Nach dem Beginne der mündlichen Verhandlung des Beklagten zur Hauptsache können prozeßhindernde Einreden nur geltend gemacht werden, wenn dieselben entweder solche sind, auf welche der Beklagte wirksam nicht verzichten kann, oder wenn der Beklagte glaubhaft macht, daß er ohne sein Verschulden nicht im Stande gewesen sei, dieselben vor der Verhandlung zur Hauptsache geltend zu machen.

§ 248. Ueber prozeßhindernde Einreden ist besonders zu verhandeln und durch Urtheil zu entscheiden, wenn der Beklagte auf Grund derselben die Verhandlung zur Hauptsache verweigert, oder wenn das Gericht auf Antrag oder von Amtswegen die abgesonderte Verhandlung anordnet.

Das Urtheil, durch welches die prozeßhindernde Einrede verworfen wird, ist in Betreff der Rechtsmittel als Endurtheil anzusehen; das Gericht kann jedoch auf Antrag anordnen, daß zur Hauptsache zu verhandeln sei.

§ 465. (Verfahren vor den Amtsgerichten.) Die Vorschrift, daß prozeßhindernde Einreden gleichzeitig und vor der Verhandlung zur Hauptsache vorzubringen sind, findet nur insoweit Anwendung, als die Einrede der Unzuständigkeit des Gerichts vor der Verhandlung zur Hauptsache geltend zu machen ist.

Ist das Amtsgericht sachlich unzuständig, so hat es vor der Verhandlung des Beklagten zur Hauptsache denselben auf die Unzuständigkeit aufmerksam zu machen.

Auf Grund prozeßhindernder Einreden darf die Verhandlung zur Hauptsache nicht verweigert werden; das Gericht kann jedoch die abgesonderte Verhandlung über diese Einreden auch von Amtswegen anordnen.

§ 251. Angriffs- und Vertheidigungsmittel (Einreden, Widerklage, Repliken u. s. w.) können bis zum Schlusse derjenigen mündlichen Verhandlung, auf welche das Urtheil ergeht, geltend gemacht werden.

Das Gericht kann, wenn durch das nachträgliche Vorbringen eines Angriffs- oder Vertheidigungsmittels die Erledigung des Rechtsstreits verzögert wird, der obsiegenden Partei, welche nach freier richterlicher Ueberzeugung im Stande war, das Angriffs- oder Vertheidigungsmittel zeitiger geltend zu machen, die Prozeßkosten ganz oder theilweise auferlegen.

§ 252. Vertheidigungsmittel, welche von dem Beklagten nachträglich vorgebracht werden, können auf Antrag zurückgewiesen werden, wenn durch deren Zulassung die Erledigung des Rechtsstreits verzögert werden würde, und das Gericht die Ueberzeugung gewinnt, daß der Beklagte in der Absicht, den Prozeß zu verschleppen, oder aus grober Nachlässigkeit die Vertheidigungsmittel nicht früher vorgebracht hat.

§ 253. Bis zum Schlusse derjenigen mündlichen Verhandlung, auf welche das Urtheil ergeht, kann der Kläger durch Erweiterung des Klagantrags, der Beklagte durch Erhebung einer Widerklage beantragen, daß ein im Laufe des Prozesses streitig gewordenes Rechtsverhältniß, von dessen Bestehen oder Nichtbestehen die Entscheidung des Rechtsstreits ganz oder zum Theile abhängt, durch richterliche Entscheidung festgestellt werde.

§ 254. Die Rechtshängigkeit eines erst im Laufe des Prozesses erhobenen Anspruchs tritt mit dem Zeitpunkte ein, in welchem der Anspruch in der mündlichen Verhandlung geltend gemacht wird.

§ 255. Jede Partei hat unter Bezeichnung der Beweismittel, deren sie sich zum Nachweise oder zur Widerlegung thatsächlicher Behauptungen bedienen will, den Beweis anzutreten und über die von der Gegenpartei angegebenen Beweismittel sich zu erklären.

In Betreff der einzelnen Beweismittel wird die Beweisantretung und die Erklärung auf dieselbe durch die Vorschriften des sechsten bis zehnten Titels bestimmt.

§ 256. Beweismittel und Beweiseinreden können bis zum Schlusse derjenigen mündlichen Verhandlung, auf welche das Urtheil ergeht, geltend gemacht werden.

Auf das nachträgliche Vorbringen von Beweismitteln und Beweiseinreden findet die Vorschrift des § 251 Abs. 2 entsprechende Anwendung.

§ 259. Das Gericht hat unter Berücksichtigung des gesammten Inhalts der Verhandlungen und des Ergebnisses einer etwaigen Beweisaufnahme nach freier Ueberzeugung zu entscheiden, ob eine thatsächliche Behauptung für wahr oder für nicht wahr zu erachten sei. In dem Urtheile sind die Gründe anzugeben, welche für die richterliche Ueberzeugung leitend gewesen sind.

An gesetzliche Beweisregeln ist das Gericht nur in den durch dieses Gesetz bezeichneten Fällen gebunden.

§ 260. Ist unter den Parteien streitig, ob ein Schaden entstanden sei, und wie hoch sich der Schaden oder ein zu ersetzendes Interesse belaufe, so entscheidet hierüber das Gericht unter Würdigung aller Umstände nach freier Ueberzeugung. Ob und inwieweit eine beantragte Beweisaufnahme oder von Amtswegen die Begutachtung durch Sachverständige anzuordnen sei, bleibt dem Ermessen des Gerichts überlassen. Das Gericht kann anordnen, daß der Beweisführer den Schaden oder das Interesse eidlich schätze. In diesem Falle hat das Gericht zugleich den Betrag zu bestimmen, welchen die eidliche Schätzung nicht übersteigen darf.

Die Vorschriften über den Schätzungseid werden aufgehoben.

§ 261. Die von einer Partei behaupteten Thatsachen bedürfen insoweit keines Beweises, als sie im Laufe des Rechtsstreits von dem Gegner bei einer mündlichen Verhandlung oder zum Protokolle eines beauftragten oder ersuchten Richters zugestanden sind.

Zur Wirksamkeit des gerichtlichen Geständnisses ist dessen Annahme nicht erforderlich.

§ 262. Die Wirksamkeit des gerichtlichen Geständnisses wird dadurch nicht beeinträchtigt, daß demselben eine Behauptung hinzugefügt wird, welche ein selbständiges Angriffs- oder Vertheidigungsmittel enthält.

Inwiefern eine vor Gericht erfolgte einräumende Erklärung ungeachtet anderer zusätzlicher oder einschränkender Behauptungen als ein Geständniß anzusehen sei, bestimmt sich nach der Beschaffenheit des einzelnen Falles.

§ 263. Der Widerruf hat auf die Wirksamkeit des gerichtlichen Geständnisses nur dann Einfluß, wenn die widerrufende Partei beweist, daß das Geständniß der Wahrheit nicht entspreche und durch einen Irrthum veranlaßt sei. In diesem Falle verliert das Geständniß seine Wirksamkeit.

§ 264. Thatsachen, welche bei dem Gericht offenkundig sind, bedürfen keines Beweises.

§ 265. Das in einem anderen Staate geltende Recht, die Gewohnheitsrechte und Statuten bedürfen des Beweises nur insofern, als sie dem Gericht unbekannt sind. Bei Ermittelung dieser Rechtsnormen ist das Gericht auf die von den Parteien beigebrachten Nachweise nicht beschränkt; es ist befugt, auch andere Erkenntnißquellen zu benutzen und zum Zwecke einer solchen Benutzung das Erforderliche anzuordnen.

§ 266. Wer eine thatsächliche Behauptung glaubhaft zu machen hat, kann sich aller Beweismittel, mit Ausnahme der Eideszuschiebung, bedienen, auch zur eidlichen Versicherung der Wahrheit der Behauptung zugelassen werden.

Eine Beweisaufnahme, welche nicht sofort erfolgen kann, ist unstatthaft.

§ 267. Die Verletzung einer das Verfahren und insbesondere die Form einer Prozeßhandlung betreffenden Vorschrift kann nicht mehr gerügt werden, wenn die Partei auf die Befolgung der Vorschrift verzichtet, oder wenn sie bei der nächsten mündlichen Verhandlung, welche auf Grund des betreffenden Verfahrens stattgefunden hat oder in welcher auf dasselbe Bezug genommen ist, den Mangel nicht gerügt hat, obgleich sie erschienen und ihr der Mangel bekannt war oder bekannt sein mußte.

Die vorstehende Bestimmung kommt nicht zur Anwendung, wenn Vorschriften verletzt sind, auf deren Befolgung eine Partei wirksam nicht verzichten kann.

G. G. § 39. Erscheinen die Parteien in dem Termine, so hat das Gewerbegericht thunlichst auf eine gütliche Erledigung des Rechtsstreites hinzuwirken. Es kann den Sühneversuch in jeder Lage des Verfahrens erneuern und hat denselben bei Anwesenheit der Parteien am Schlusse der Verhandlung zu wiederholen.

Der Inhalt eines vor dem Gericht abgeschlossenen Vergleichs ist durch Aufnahme in das Protokoll festzustellen. Die Feststellung ist den Parteien vorzulesen. In dem Protokoll ist zu bemerken, dass die Vorlesung stattgefunden hat und dass die Genehmigung erfolgt ist oder welche Einwendungen erhoben sind.

G. G. § 40. Kommt ein Vergleich nicht zu Stande, so ist über den Rechtsstreit zu verhandeln. Die Leitung der Verhandlung liegt dem Vorsitzenden ob. Derselbe hat dahin zu wirken, dass die Parteien über alle erheblichen Thatsachen sich vollständig erklären, die Beweismittel für ihre Behauptungen bezeichnen und die sachdienlichen Anträge stellen. Derselbe kann jederzeit das persönliche Erscheinen der Parteien anordnen und für den Fall des Nichterscheinens eine Geldstrafe bis zu Einhundert Mark androhen. Gegen die Festsetzung der Strafe findet Beschwerde nach den Bestimmungen der Civilprozessordnung statt.

Wird die Fortsetzung der Verhandlung in einem weiteren Termine nothwendig, insbesondere, weil eine erforderliche Beweisaufnahme nicht sofort bewirkt werden kann, so ist der weitere Termin alsbald zu verkünden. Der zur Beweisaufnahme vor dem Gerichte anberaumte Termin ist zugleich zur Fortsetzung der Verhandlung bestimmt.

G. G. § 41. Erscheinen in einem zur Fortsetzung der Verhandlung bestimmten Termine die Parteien oder eine derselben nicht, so ist das Urtheil unter Berücksichtigung der bisherigen Verhandlungen, insbesondere einer etwaigen Beweisaufnahme, zu erlassen.

Das Gericht kann jedoch, sofern wegen eines neuen Vorbringens der erschienenen Partei oder aus einem anderen Grunde eine weitere Verhandlung angezeigt erscheint, zunächst die Anberaumung eines neuen Termins sowie eine etwa erforderliche Beweisaufnahme beschliessen.

Erscheinen beide Parteien nicht, so kann das Gericht die Sache für ruhend erklären.

Erscheint in dem neuen Termin eine Partei nicht, so entscheidet das Gericht nach freiem Ermessen, inwieweit eine beantragte Beweisaufnahme zu bewirken oder ein neues thatsächliches Vorbringen der erschienenen Partei für zugestanden zu erachten und inwieweit eine von der Gegenpartei abzugebende Erklärung als verweigert oder ein früheres Vorbringen derselben als zurückgenommen anzusehen ist.

Anm. Ueber Einspruch gegen das Urtheil vgl. G. G. § 42.

G. G. § 54. In dem ersten, auf die Klage angesetzten Termine kann die Zuziehung der Beisitzer unterbleiben.

Erscheint in dem Termine nur eine der Parteien, so erlässt auf Antrag derselben der Vorsitzende das Versäumnissurtheil.

Erscheinen beide Parteien, so hat der Vorsitzende einen Sühneversuch vorzunehmen. Kommt ein Vergleich zu Stande, so ist derselbe in Gemässheit des § 39 Absatz 2 im Protokoll festzustellen. Das Gleiche gilt, wenn die Klage zurückgenommen oder wenn auf den Klageanspruch verzichtet oder wenn derselbe anerkannt wird; in diesen Fällen hat, sofern beantragt wird, die Rechtsfolgen durch Urtheil auszusprechen, der Vorsitzende das Urtheil zu erlassen.

Bleibt die Sache in dem Termine streitig, so hat der Vorsitzende die Entscheidung zu erlassen, wenn dieselbe sofort erfolgen kann und beide Parteien sie beantragen. Anderenfalls ist ein neuer Verhandlungstermin, zu welchem die Beisitzer zuzuziehen sind, anzusetzen und sofort zu verkünden. Zeugen und Sachverständige, deren Vernehmung der Vorsitzende für erforderlich erachtet, sind zu diesem Termine zu laden.

§ 271. Die Parteien können von den Prozeßakten Einsicht nehmen und sich aus denselben durch den Gerichtsschreiber Ausfertigungen, Auszüge und Abschriften ertheilen lassen.

Dritten Personen kann der Vorstand des Gerichts ohne Einwilligung der Parteien die Einsicht der Akten nur gestatten, wenn ein rechtliches Interesse glaubhaft gemacht wird.

Die Entwürfe zu Urtheilen, Beschlüssen und Verfügungen, die zur Vorbereitung derselben gelieferten Arbeiten, sowie die Schriftstücke, welche Abstimmungen oder Strafverfügungen betreffen, werden weder vorgelegt noch abschriftlich mitgetheilt.

G. G. § 53. Die nicht auf Grund einer mündlichen Verhandlung ergehenden Beschlüsse und Verfügungen werden, soweit nicht ein anderes bestimmt ist, von dem Vorsitzenden allein erlassen.

Im Uebrigen sind für die Befugnisse des Vorsitzenden und der Beisitzer die Vorschriften über das landgerichtliche Verfahren massgebend.

In Bezug auf die Berathung und Abstimmung finden die Vorschriften der §§ 194—200 des Gerichtsverfassungsgesetzes entsprechende Anwendung.

Zweiter Titel. Urtheil.

§ 272. Ist der Rechtsstreit zur Endentscheidung reif, so hat das Gericht dieselbe durch Endurtheil zu erlassen.

Dasselbe gilt, wenn von mehreren zum Zwecke gleichzeitiger Verhandlung und Entscheidung verbundenen Prozessen nur der eine zur Endentscheidung reif ist.

§ 273. Ist von mehreren in einer Klage geltend gemachten Ansprüchen nur der eine, oder ist nur ein Theil eines Anspruchs, oder bei erhobener Widerklage nur die Klage oder die Widerklage zur Endentscheidung reif, so hat das Gericht dieselbe durch Endurtheil (Theilurtheil) zu erlassen.

Die Erlassung eines Theilurtheils kann unterbleiben, wenn das Gericht sie nach Lage der Sache nicht für angemessen erachtet.

§ 274. Ist von dem Beklagten mittels Einrede eine Gegenforderung geltend gemacht, welche mit der in der Klage geltend gemachten Forderung nicht in rechtlichem Zusammenhange steht, so kann, wenn nur die Verhandlung über die Forderung zur Endentscheidung reif ist, diese unter Trennung der Verhandlungen durch Theilurtheil erfolgen.

§ 275. Ist ein einzelnes selbständiges Angriffs- oder Vertheidigungsmittel oder ein Zwischenstreit zur Entscheidung reif, so kann die Entscheidung durch Zwischenurtheil erfolgen.

§ 276 Abs. 1. Ist ein Anspruch nach Grund und Betrag streitig, so kann das Gericht über den Grund vorab entscheiden.

G. G. § 50. Ein über den Grund des Anspruches vorab entscheidendes Zwischenurtheil ist in Betreff der Rechtsmittel nicht als Endurtheil anzusehen.

§ 277. Verzichtet der Kläger bei der mündlichen Verhandlung auf den geltend gemachten Anspruch, so ist er auf Grund des Verzichts mit dem Anspruch abzuweisen, wenn der Beklagte die Abweisung beantragt.

§ 278. Erkennt eine Partei den gegen sie geltend gemachten Anspruch bei der mündlichen Verhandlung ganz oder zum Theil an, so ist sie auf Antrag dem Anerkenntnisse gemäß zu verurtheilen.

§ 279. Das Gericht ist nicht befugt, einer Partei etwas zuzusprechen, was nicht beantragt ist. Dies gilt insbesondere von Früchten, Zinsen und anderen Nebenforderungen.

Ueber die Verpflichtung, die Prozeßkosten zu tragen, hat das Gericht auch ohne Antrag zu erkennen.

§ 280. Das Urtheil kann nur von denjenigen Richtern gefällt werden, welche der dem Urtheile zu Grunde liegenden Verhandlung beigewohnt haben.

§ 282. Die Verkündung des Urtheils erfolgt durch Vorlesung der Urtheilsformel. Versäumnißurtheile können verkündet werden, auch wenn die Urtheilsformel noch nicht schriftlich abgefaßt wird.

Wird die Verkündung der Entscheidungsgründe für angemessen erachtet, so erfolgt sie durch Vorlesung der Gründe oder durch mündliche Mittheilung des wesentlichen Inhalts.

G. G. § 48. Das Urtheil ist in dem Termine, in welchem die Verhandlung geschlossen wird, zu verkünden. Ist dies nicht ausführbar, so erfolgt die Verkündung in einem sofort anzuberaumenden Termine, welcher nicht über drei Tage hinaus anberaumt werden soll.

Die Wirksamkeit der Verkündung des Urtheils ist von der Anwesenheit der Parteien und der Beisitzer nicht abhängig.

G. G. § 49. Aus dem Urtheile müssen ersichtlich sein:
1. die Mitglieder des Gerichts, welche bei der Entscheidung mitgewirkt haben,
2. die Parteien,
3. das Sach- und Streitverhältniss in gedrängter Darstellung nebst den wesentlichen Entscheidungsgründen,
4. der Spruch des Gerichts in der Hauptsache und in Betreff der Kosten. Der Betrag der letzteren soll, soweit er sofort zu ermitteln ist, im Urtheil festgesetzt werden.

Das Urtheil ist von dem Vorsitzenden zu unterzeichnen.

G. G. § 51. Erfolgt die Verurtheilung auf Vornahme einer Handlung, so ist der Beklagte zugleich auf Antrag des Klägers für den Fall, dass die Handlung nicht binnen einer zu bestimmenden Frist vorgenommen ist, zur Zahlung einer nach dem Ermessen des Gerichtes festzusetzenden Entschädigung zu verurtheilen.

In diesem Falle ist die Zwangsvollstreckung in Gemässheit der §§ 773, 774 der Civilprozessordnung ausgeschlossen.

§ 285. Der Thatbestand des Urtheils liefert rücksichtlich des mündlichen Parteivorbringens Beweis. Dieser Beweis kann nur durch das Sitzungsprotokoll entkräftet werden.

§ 286 Abs. 3. Der Gerichtsschreiber hat auf dem Urtheile den Tag der Verkündung zu bemerken und diese Bemerkung zu unterschreiben.

§ 287. Der Gerichtsschreiber hat die verkündeten und unterschriebenen Urtheile in ein Verzeichniß zu bringen. Das Verzeichniß wird an bestimmten, von dem Vorsitzenden im voraus festzusetzenden Wochentagen mindestens auf die Dauer einer Woche in der Gerichtsschreiberei ausgehängt.

§ 288 Abs. 3. Die Ausfertigungen und Auszüge der Urtheile sind von dem Gerichtsschreiber zu unterschreiben und mit dem Gerichtssiegel zu versehen.

Anm. Ueber Zustellung vgl. G. G. § 30.

§ 289. Das Gericht ist an die Entscheidung, welche in den von ihm erlassenen End- und Zwischenurtheilen enthalten ist, gebunden.

§ 290. Schreibfehler, Rechnungsfehler und ähnliche offenbare Unrichtigkeiten, welche in dem Urtheile vorkommen, sind jederzeit von dem Gerichte auch von Amtswegen zu berichtigen.

Ueber die Berichtigung kann ohne vorgängige mündliche Verhandlung entschieden werden. Der Beschluß, welcher eine Berichtigung ausspricht, wird auf dem Urtheil und den Ausfertigungen bemerkt.

Gegen den Beschluß, durch welchen der Antrag auf Berichtigung zurückgewiesen wird, findet kein Rechtsmittel; gegen den Beschluß, welcher eine Berichtigung ausspricht, findet sofortige Beschwerde statt.

§ 291. Enthält der Thatbestand des Urtheils Unrichtigkeiten, welche nicht unter die Bestimmung des vorstehenden Paragraphen fallen, Auslassungen, Dunkelheiten oder Widersprüche, so kann die Berichtigung binnen einer einwöchigen Frist durch Zustellung eines Schriftsatzes beantragt werden.

Die Frist beginnt mit dem Tage des Aushangs des Verzeichnisses, in welches das Urtheil eingetragen ist.

Der Schriftsatz muß den Antrag auf Berichtigung und die Ladung des Gegners zur mündlichen Verhandlung enthalten.

Das Gericht entscheidet ohne vorgängige Beweisaufnahme. Bei der Entscheidung wirken nur diejenigen Richter mit, welche bei dem Urtheil mitgewirkt haben. Ist ein Richter verhindert, so giebt bei Stimmengleichheit die Stimme des Vorsitzenden und bei dessen Verhinderung die Stimme des ältesten Richters den Ausschlag. Eine Anfechtung des Beschlusses findet nicht statt. Der Beschluß, welcher eine Berichtigung ausspricht, wird auf dem Urtheil und den Ausfertigungen bemerkt.

Die Berichtigung des Thatbestandes hat eine Aenderung des übrigen Theils des Urtheils nicht zur Folge.

Anm. zu Abs. 1, 3. Vgl. G. G. §§ 30, Abs. 3, 33 Abs. 1.

§ 292 Abs. 1, 2. u. 4. Wenn ein nach dem ursprünglich festgestellten oder nachträglich berichtigten Thatbestande von einer Partei geltend gemachter Haupt- oder Nebenanspruch, oder wenn der Kostenpunkt bei der Endentscheidung ganz oder theilweise übergangen ist, so ist auf Antrag das Urtheil durch nachträgliche Entscheidung zu ergänzen.

Die nachträgliche Entscheidung muß binnen einer einwöchigen Frist, welche mit der Zustellung des Urtheils beginnt, durch Zustellung eines Schriftsatzes beantragt werden.

Die mündliche Verhandlung hat nur den nicht erledigten Theil des Rechtsstreits zum Gegenstande.

Anm. zu Abs. 2. Vgl. G. G. § 30 Abs. 3.

§ 293. Urtheile sind der Rechtskraft nur insoweit fähig, als über den durch die Klage oder durch die Widerklage erhobenen Anspruch entschieden ist.

Die Entscheidung über das Bestehen oder Nichtbestehen einer mittels Einrede geltend gemachten Gegenforderung ist der Rechtskraft fähig, jedoch nur bis zur Höhe desjenigen Betrags, mit welchem aufgerechnet werden soll.

§ 294 Abs. 1. Die auf Grund einer mündlichen Verhandlung ergehenden Beschlüsse des Gerichts müssen verkündet werden.

Dritter Titel. Versäumnißurtheil.

G. G. § 37. Erscheint der Kläger im Verhandlungstermine nicht, so ist auf Antrag des Beklagten das Versäumnissurtheil dahin zu erlassen, dass der Kläger mit der Klage abzuweisen sei.

Erscheint der Beklagte nicht und beantragt der Kläger das Versäumnissurtheil, so werden die in der Klage behaupteten Thatsachen als zugestanden angenommen. Soweit dieselben den Klageantrag rechtfertigen, ist nach dem Antrage zu erkennen; soweit dies nicht der Fall, ist die Klage abzuweisen.

Bleiben beide Parteien aus, so ruht das Verfahren, bis die Ansetzung eines neuen Verhandlungstermins beantragt wird.

§ 298. Als nicht erschienen ist auch diejenige Partei anzusehen, welche in dem Termine zwar erscheint, aber nicht verhandelt.

§ 299. Wenn eine Partei in dem Termine verhandelt, sich jedoch über Thatsachen, Urkunden oder Eideszuschiebungen nicht erklärt, so finden die Vorschriften dieses Titels keine Anwendung.

§ 300. Der Antrag auf Erlassung eines Versäumnißurtheils ist zurückzuweisen, unbeschadet des Rechts der erschienenen Partei, die Vertagung der mündlichen Verhandlung zu beantragen:

1. wenn die erschienene Partei die vom Gerichte wegen eines von Amtswegen zu berücksichtigenden Umstandes erforderte Nachweisung nicht zu beschaffen vermag;
2. wenn die nicht erschienene Partei nicht ordnungsmäßig, insbesondere nicht rechtzeitig geladen war;
3. 2c.

Wird die Verhandlung vertagt, so ist die nicht erschienene Partei zu dem neuen Termine zu laden.

§ 301. Gegen den Beschluß, durch welchen der Antrag auf Erlassung des Versäumnißurtheils zurückgewiesen wird, findet sofortige Beschwerde statt. Wird der Beschluß aufgehoben, so ist die nicht erschienene Partei zu dem neuen Termine nicht zu laden.

§ 302. Das Gericht kann von Amtswegen die Verhandlung über den Antrag auf Erlassung des Versäumnißurtheils vertagen, wenn es dafür hält, daß die von dem Vorsitzenden bestimmte Einlassungs= oder Ladungsfrist zu kurz bemessen, oder daß die Partei durch Naturereignisse oder durch andere unabwendbare Zufälle am Erscheinen verhindert worden sei. Die nicht erschienene Partei ist zu dem neuen Termine zu laden.

G. G. § 38. Die Partei, gegen welche ein Versäumnissurtheil erlassen ist, kann binnen der Nothfrist von drei Tagen seit der an sie bewirkten Zustellung des Urtheils die Erklärung abgeben, dass sie Einspruch einlege. Die Einlegung gilt mit der Einreichung der Erklärung oder mit der Abgabe derselben zum Protokolle des Gerichtsschreibers als bewirkt.

In dem Versäumnissurtheil ist der Partei zu eröffnen, in welcher Form und Frist ihr der Einspruch zusteht.

Nach Einlegung des Einspruchs hat der Vorsitzende einen neuen Verhandlungstermin anzusetzen.

Erscheint die Partei, welche den Einspruch eingelegt hat, auch in dem neuen Termine nicht, so gilt der Einspruch als zurückgenommen. Anderenfalls wird, sofern der Einspruch zulässig ist, der Prozess in die Lage zurückversetzt, in welcher er sich vor Eintritt der Versäumniss befand.

G. G. § 42. Gegen ein auf Grund des § 41 ergangenes Urtheil steht der nicht erschienenen Partei der Einspruch (§ 38) zu, sofern sie durch Naturereignisse oder andere unabwendbare Zufälle am Erscheinen verhindert war. Dies ist der Partei in dem Urtheil zu eröffnen. Die Ansetzung des neuen Verhandlungstermins erfolgt nur, wenn ein Verhinderungsgrund der bezeichneten Art binnen der Einspruchsfrist glaubhaft gemacht ist.

Im Uebrigen gilt ein auf Grund des § 41 ergangenes Urtheil nicht als Versäumnissurtheil.

§ 306. Das Gericht hat von Amtswegen zu prüfen, ob der Einspruch an sich statthaft und ob er in der gesetzlichen Form und Frist eingelegt sei. Fehlt es an einem dieser Erfordernisse, so ist der Einspruch als unzulässig zu verwerfen.

§ 308. Insoweit die Entscheidung, welche auf Grund der neuen Verhandlung zu erlassen ist, mit der in dem Versäumnißurtheil enthaltenen Entscheidung übereinstimmt, ist auszusprechen, daß diese Entscheidung aufrecht zu erhalten sei. Insoweit diese Voraussetzung nicht zutrifft, wird das Versäumnißurtheil in dem neuen Urtheil aufgehoben.

§ 309. Ist das Versäumnißurtheil in gesetzlicher Weise ergangen, so sind die durch die Versäumniß veranlaßten Kosten, soweit sie nicht durch einen unbegründeten Widerspruch des Gegners entstanden sind, der säumigen Partei auch dann aufzuerlegen, wenn in Folge des Einspruchs eine abändernde Entscheidung erlassen wird.

Fünfter Titel. Allgemeine Bestimmungen über die Beweisaufnahme.

G. G. § 43 Abs. 1. Die Beweisaufnahme erfolgt in derRegel vor dem Gewerbegericht. Sie kann nur in den Fällen der §§ 337, 340, 347, 399, 411 der Civilprozessordnung dem Vorsitzenden des Gerichts oder mittelst Ersuchens einem Amtsgericht übertragen werden.

§ 321. Steht der Aufnahme des Beweises ein Hinderniß von ungewisser Dauer entgegen, so ist auf Antrag eine Frist zu bestimmen, nach deren fruchtlosem Ablaufe das Beweismittel nur benutzt werden kann, wenn dadurch das Verfahren nicht verzögert wird.

§ 322. Den Parteien ist gestattet, der Beweisaufnahme beizuwohnen.

§ 323. Erfordert die Beweisaufnahme ein besonderes Verfahren, so ist dasselbe durch Beweisbeschluß anzuordnen.

§ 324. Der Beweisbeschluß enthält:

1. die Bezeichnung der streitigen Thatsachen, über welche der Beweis zu erheben ist;
2. die Bezeichnung der Beweismittel unter Benennung der zu vernehmenden Zeugen und Sachverständigen;
3. die Bezeichnung der Partei, welche sich zum Nachweise oder zur Widerlegung thatsächlicher Behauptungen auf das Beweismittel berufen hat;
4. die Eidesnorm, wenn die Abnahme eines zugeschobenen oder zurückgeschobenen Eides angeordnet wird.

§ 325. Vor Erledigung des Beweisbeschlusses kann von keiner Partei eine Aenderung desselben auf Grund der früheren Verhandlungen beantragt werden.

§ 327. Soll die Beweisaufnahme durch ein anderes Gericht erfolgen, so ist das Ersuchungsschreiben von dem Vorsitzenden zu erlassen.

Die auf die Beweisaufnahme sich beziehenden Verhandlungen werden in Urschrift von dem ersuchten Richter dem Gerichtsschreiber des Prozeßgerichts übersendet, welcher die Parteien von dem Eingange benachrichtigt.

§ 328. Soll die Beweisaufnahme im Ausland erfolgen, so hat der Vorsitzende die zuständige Behörde um Aufnahme des Beweises zu ersuchen.

Kann die Beweisaufnahme durch einen Reichskonsul erfolgen, so ist das Ersuchen an diesen zu richten.

§ 331. Erhebt sich bei der Beweisaufnahme vor einem beauftragten oder ersuchten Richter ein Streit, von dessen Erledigung die Fortsetzung der Beweisaufnahme abhängig und zu dessen Entscheidung der Richter nicht berechtigt ist, so erfolgt die Erledigung durch das Prozeßgericht.

Der Termin zur mündlichen Verhandlung über den Zwischenstreit ist von Amtswegen zu bestimmen und den Parteien bekannt zu machen.

G. G. § 43 Abs. 2. Die Beweisaufnahme ist auch dann zu bewirken, wenn die Parteien oder eine derselben in dem für die Beweisaufnahme bestimmten Termine nicht erscheinen.

§ 332 Abs. 2. Eine nachträgliche Beweisaufnahme oder eine Vervollständigung der Beweisaufnahme ist bis zum Schlusse derjenigen mündlichen Verhandlung, auf welche das Urtheil ergeht, auf Antrag anzuordnen, wenn das Verfahren dadurch nicht verzögert wird oder wenn die Partei glaubhaft macht, daß sie ohne ihr Verschulden außer Stande gewesen sei, in dem früheren Termine zu erscheinen, und im Falle des Antrags auf Vervollständigung, daß durch ihr Nichterscheinen eine wesentliche Unvollständigkeit der Beweisaufnahme veranlaßt sei.

§ 333. Wird ein neuer Termin zur Beweisaufnahme oder zur Fortsetzung derselben erforderlich, so ist dieser Termin, auch wenn der Beweisführer oder beide Parteien in dem früheren Termine nicht erschienen waren, von Amtswegen zu bestimmen.

§ 334. Entspricht die von einer ausländischen Behörde vorgenommene Beweisaufnahme den für das Prozeßgericht geltenden Gesetzen, so kann daraus, daß sie nach den ausländischen Gesetzen mangelhaft ist kein Einwand entnommen werden.

Sechster Titel. Beweis durch Augenschein.

§ 336. Die Antretung des Beweises durch Augenschein erfolgt durch die Bezeichnung des Gegenstandes des Augenscheins und durch die Angabe der zu beweisenden Thatsachen.

§ 337. Das Prozeßgericht kann anordnen, daß bei der Einnahme des Augenscheins ein oder mehrere Sachverständige zuzuziehen seien.
Es kann einem Mitgliede des Prozeßgerichts oder einem anderen Gerichte die Einnahme des Augenscheins übertragen, auch die Ernennung der zuzuziehenden Sachverständigen überlassen.

Anm. zu Abs. 2. Vgl. G. G. § 43 Abs. 1.

Siebenter Titel. Zeugenbeweis.

§ 338. Die Antretung des Zeugenbeweises erfolgt durch die Benennung der Zeugen und die Bezeichnung der Thatsachen, über welche die Vernehmung der Zeugen stattfinden soll.

§ 339. Die Vernehmung neuer Zeugen, welche nach Erlassung eines Beweisbeschlusses bezüglich der in demselben bezeichneten streitigen Thatsachen benannt werden, ist auf Antrag zurückzuweisen, wenn durch die Vernehmung die Erledigung des Rechtsstreits verzögert werden würde und das Gericht die Ueberzeugung gewinnt, daß die Partei in der Absicht, den Prozeß zu verschleppen, oder aus grober Nachlässigkeit die Zeugen nicht früher benannt hat.

§ 340. Die Aufnahme des Zeugenbeweises kann einem Mitgliede des Prozeßgerichts oder einem anderen Gericht übertragen werden:

1. wenn zur Ausmittelung der Wahrheit die Vernehmung des Zeugen an Ort und Stelle dienlich erscheint;
2. wenn die Beweisaufnahme vor dem Prozeßgericht erheblichen Schwierigkeiten unterliegen würde;
3. wenn der Zeuge verhindert ist, vor dem Prozeßgerichte zu erscheinen;
4. wenn der Zeuge in großer Entfernung von dem Sitze des Prozeßgerichts sich aufhält.

Die Landesherren und die Mitglieder der landesherrlichen Familien sowie die Mitglieder der Fürstlichen Familie Hohenzollern sind durch ein Mitglied des Prozeßgerichts oder durch ein anderes Gericht in ihrer Wohnung zu vernehmen.

Anm. zu Abs. 1. Vgl. G. G. § 43 Abs 1.

§ 341. Oeffentliche Beamte, auch wenn sie nicht mehr im Dienst sind, dürfen über Umstände, auf welche sich ihre Pflicht zur Amtsverschwiegenheit bezieht, als Zeugen nur mit Genehmigung ihrer vorgesetzten Dienstbehörde oder der ihnen zuletzt vorgesetzt gewesenen Dienstbehörde vernommen werden. Für den Reichskanzler bedarf es der Genehmigung des Kaisers, für die Minister der Genehmigung des Landesherrn, für die Mitglieder der Senate der freien Hansestädte der Genehmigung des Senats.

Die Genehmigung darf nur versagt werden, wenn die Ablegung des Zeugnisses dem Wohle des Reichs oder eines Bundesstaates Nachtheil bereiten würde.

Die Genehmigung ist durch das Prozeßgericht einzuholen und dem Zeugen bekannt zu machen.

G. G. § 44 Abs. 1. Beschliesst das Gericht die Vernehmung von Zeugen oder Sachverständigen, so sind dieselben, falls sie nicht von den Parteien zur Stelle gebracht sind, zu laden. Von der Ladung der Sachverständigen kann abgesehen werden, wenn schriftliche Begutachtung angeordnet wird.

§ 342. Die Ladung der Zeugen ist von dem Gerichtsschreiber unter Bezugnahme auf den Beweisbeschluß auszufertigen und von Amtswegen zuzustellen.

Die Ladung muß enthalten:

1. die Bezeichnung der Parteien;
2. die Thatsachen, über welche die Vernehmung erfolgen soll;
3. die Anweisung, zur Ablegung des Zeugnisses bei Vermeidung der durch das Gesetz angedrohten Strafen in dem nach Zeit und Ort zu bezeichnenden Termine zu erscheinen.

§ 343. Die Ladung einer dem aktiven Heere oder der aktiven Marine angehörenden Person des Soldatenstandes als Zeuge erfolgt durch Ersuchen der Militärbehörde.

§ 344. Das Gericht kann die Ladung davon abhängig machen, daß der Beweisführer einen Vorschuß zur Deckung der Staatskasse wegen der durch die Vernehmung des Zeugen erwachsenden Auslagen hinterlegt.

Erfolgt die Hinterlegung nicht binnen der bestimmten Frist, so unterbleibt die Ladung, wenn die Hinterlegung nicht so zeitig nachgeholt wird, daß die Vernehmung ohne Verzögerung des Verfahrens erfolgen kann.

§ 345. Ein ordnungsmäßig geladener Zeuge, welcher nicht erscheint, ist, ohne daß es eines Antrags bedarf, in die durch das Ausbleiben verursachten Kosten sowie zu einer Geldstrafe bis zu dreihundert Mark und für den Fall, daß diese nicht beigetrieben werden kann, zur Strafe der Haft bis zu sechs Wochen zu verurtheilen.

Im Falle wiederholten Ausbleibens kann die Strafe noch einmal erkannt, auch die zwangsweise Vorführung des Zeugen angeordnet werden.

Gegen diese Beschlüsse findet die Beschwerde statt.

Die Festsetzung und die Vollstreckung der Strafe gegen eine dem aktiven Heere oder der aktiven Marine angehörende Militärperson erfolgt auf Ersuchen durch das Militärgericht, die Vorführung einer solchen Person durch Ersuchen der Militärbehörde.

§ 346. Die Verurtheilung in Strafe und Kosten unterbleibt, wenn das Ausbleiben des Zeugen genügend entschuldigt ist. Erfolgt nachträglich genügende Entschuldigung, so werden die gegen den Zeugen getroffenen Anordnungen wieder aufgehoben.

Die Anzeigen und Gesuche des Zeugen können schriftlich oder zum Protokolle des Gerichtsschreibers oder mündlich in dem zur Vernehmung bestimmten neuen Termine angebracht werden.

§ 347. Der Reichskanzler, die Minister eines Bundesstaates, die Mitglieder der Senate der freien Hansastädte, die Vorstände der obersten Reichsbehörden und die Vorstände der Ministerien sind an ihrem Amtssitze oder, wenn sie sich außerhalb desselben aufhalten, an ihrem Aufenthaltsorte zu vernehmen.

Die Mitglieder des Bundesraths sind während ihres Aufenthalts am Sitze des Bundesraths an diesem Sitze, die Mitglieder einer deutschen gesetzgebenden Versammlung während der Sitzungsperiode und ihres Aufenthalts am Orte der Versammlung an diesem Orte zu vernehmen.

Zu einer Abweichung von den vorstehenden Bestimmungen bedarf es:

in Betreff des Reichskanzlers der Genehmigung des Kaisers,

in Betreff der Minister und der Mitglieder des Bundesraths der Genehmigung des Landesherrn,
in Betreff der Mitglieder der Senate der freien Hansastädte der Genehmigung des Senats,
in Betreff der übrigen vorbezeichneten Beamten der Genehmigung ihres unmittelbaren Vorgesetzten,
in Betreff der Mitglieder einer gesetzgebenden Versammlung der Genehmigung der letzteren.

§ 348. Zur Verweigerung des Zeugnisses sind berechtigt:

1. der Verlobte einer Partei;
2. der Ehegatte einer Partei, auch wenn die Ehe nicht mehr besteht;
3. diejenigen, welche mit einer Partei in gerader Linie verwandt, verschwägert oder durch Adoption verbunden, oder in der Seitenlinie bis zum dritten Grade verwandt oder bis zum zweiten Grade verschwägert sind, auch wenn die Ehe, durch welche die Schwägerschaft begründet ist, nicht mehr besteht;
4. Geistliche in Ansehung desjenigen, was ihnen bei der Ausübung der Seelsorge anvertraut ist;
5. Personen, welchen kraft ihres Amtes, Standes oder Gewerbes Thatsachen anvertraut sind, deren Geheimhaltung durch die Natur derselben oder durch gesetzliche Vorschrift geboten ist, in Betreff der Thatsachen, auf welche die Verpflichtung zur Verschwiegenheit sich bezieht.

Die unter Nr. 1—3 bezeichneten Personen sind vor der Vernehmung über ihr Recht zur Verweigerung des Zeugnisses zu belehren.

Die Vernehmung der unter Nr. 4, 5 bezeichneten Personen ist, auch wenn das Zeugniß nicht verweigert wird, auf Thatsachen nicht zu richten, in Ansehung welcher erhellt, daß ohne Verletzung der Verpflichtung zur Verschwiegenheit ein Zeugniß nicht abgelegt werden kann.

§ 349. Das Zeugniß kann verweigert werden:

1. über Fragen, deren Beantwortung dem Zeugen oder einer Person, zu welcher derselbe in einem der im § 348 Nr. 1 bis 3 bezeichneten Verhältnisse steht, einen unmittelbaren vermögensrechtlichen Schaden verursachen würde;
2. über Fragen, deren Beantwortung dem Zeugen oder einem der im § 348 Nr. 1—3 bezeichneten Angehörigen desselben zur Unehre gereichen oder die Gefahr strafgerichtlicher Verfolgung zuziehen würde;
3. über Fragen, welche der Zeuge nicht würde beantworten können, ohne ein Kunst- oder Gewerbegeheimniß zu offenbaren.

§ 350. In den Fällen des § 348 Nr. 1—3 und des § 349 Nr. 1 darf der Zeuge das Zeugniß nicht verweigern:

1. über die Errichtung und den Inhalt eines Rechtsgeschäfts, bei dessen Errichtung er als Zeuge zugezogen war;
2. über Geburten, Verheirathungen oder Sterbefälle von Familiengliedern;
3. über Thatsachen, welche die durch das Familienverhältniß bedingten Vermögensangelegenheiten betreffen;
4. über diejenigen auf das streitige Rechtsverhältniß sich beziehenden Handlungen, welche von ihm selbst als Rechtsvorgänger oder Vertreter einer Partei vorgenommen sein sollen.

Die im § 348 Nr. 4, 5 bezeichneten Personen dürfen das Zeugniß nicht verweigern, wenn sie von der Verpflichtung zur Verschwiegenheit entbunden sind.

§ 351. Der Zeuge, welcher das Zeugniß verweigert, hat vor dem zu seiner Vernehmung bestimmten Termine schriftlich oder zum Protokolle des Gerichtsschreibers oder in diesem Termine die Thatsachen, auf welche er die Weigerung gründet, anzugeben und glaubhaft zu machen.

Zur Glaubhaftmachung genügt in den Fällen des § 348 Nr. 4, 5 die mit Berufung auf einen geleisteten Diensteid abgegebene Versicherung.

Hat der Zeuge seine Weigerung schriftlich oder zum Protokolle des Gerichtsschreibers erklärt, so ist er nicht verpflichtet, in dem zu seiner Vernehmung bestimmten Termine zu erscheinen.

Von dem Eingange einer Erklärung des Zeugen oder von der Aufnahme einer solchen zum Protokolle hat der Gerichtsschreiber die Parteien zu benachrichtigen.

§ 352 Abs. 1 u. 3. Ueber die Rechtmäßigkeit der Weigerung wird von dem Prozeßgerichte nach Anhörung der Parteien entschieden.

Gegen das Zwischenurtheil findet sofortige Beschwerde statt.

§ 353. Hat der Zeuge seine Weigerung schriftlich oder zum Protokolle des Gerichtsschreibers erklärt und ist er in dem Termine nicht erschienen, so hat auf Grund seiner Erklärungen ein Mitglied des Prozeßgerichts Bericht zu erstatten.

§ 354. Erfolgt die Weigerung vor einem beauftragten oder ersuchten Richter, so sind die Erklärungen des Zeugen, wenn sie nicht schriftlich oder zum Protokolle des Gerichtsschreibers abgegeben sind, nebst den Erklärungen der Parteien in das Protokoll aufzunehmen.

Zur mündlichen Verhandlung vor dem Prozeßgerichte werden der Zeuge und die Parteien von Amtswegen geladen.

Auf Grund der von dem Zeugen und den Parteien abgegebenen Erklärungen hat ein Mitglied des Prozeßgerichts Bericht zu erstatten

Nach dem Vortrage des Berichterstatters können der Zeuge und die Parteien zur Begründung ihrer Anträge das Wort nehmen; neue Thatsachen oder Beweismittel dürfen nicht geltend gemacht werden.

§ 355. Wird das Zeugniß oder die Eidesleistung ohne Angabe eines Grundes oder, nachdem der vorgeschützte Grund rechtskräftig für unerheblich erklärt ist, verweigert, so ist der Zeuge, ohne daß es eines Antrags bedarf, in die durch die Weigerung verursachten Kosten sowie zu einer Geldstrafe bis zu dreihundert Mark und für den Fall, daß diese nicht beigetrieben werden kann, zur Strafe der Haft bis zu sechs Wochen zu verurtheilen.

Im Falle wiederholter Weigerung ist auf Antrag zur Erzwingung des Zeugnisses die Haft anzuordnen, jedoch nicht über den Zeitpunkt der Beendigung des Prozesses in der Instanz hinaus. Die Vorschriften über die Haft im Zwangsvollstreckungsverfahren finden entsprechende Anwendung.

Gegen diese Beschlüsse findet die Beschwerde statt.

Die Festsetzung und die Vollstreckung der Strafe gegen eine dem aktiven Heere oder der aktiven Marine angehörende Militärperson erfolgt auf Ersuchen durch das Militärgericht.

G. G. § 44 Abs. 2. Die Beeidigung der Zeugen und Sachverständigen erfolgt nur, wenn das Gericht die Beeidigung zur Herbeiführung einer wahrheitsgemässen Aussage für nothwendig erachtet oder wenn eine Partei dieselbe beantragt. Die Bestimmungen, nach welchen die Beeidigung in gewissen Fällen unzulässig ist (Civilprozessordnung § 358), bleiben unberührt.

§ 356. Jeder Zeuge ist einzeln und vor seiner Vernehmung zu beeidigen; die Beeidigung kann jedoch aus besonderen Gründen, namentlich wenn Bedenken gegen ihre Zulässigkeit obwalten, bis nach Abschluß der Vernehmung ausgesetzt werden.

Die Parteien können auf die Beeidigung verzichten.

§ 357. Der vor der Vernehmung zu leistende Eid lautet:

> daß Zeuge nach bestem Wissen die reine Wahrheit sagen, nichts verschweigen und nichts hinzusetzen werde;

der nach der Vernehmung zu leistende Eid lautet:

> daß Zeuge nach bestem Wissen die reine Wahrheit gesagt, nichts verschwiegen und nichts hinzugesetzt habe.

§ 358. Unbeeidigt sind zu vernehmen:

1. Personen, welche zur Zeit der Vernehmung das sechzehnte Lebensjahr noch nicht vollendet oder wegen mangelnder Verstandesreife oder wegen Verstandesschwäche von dem Wesen und der Bedeutung des Eides keine genügende Vorstellung haben;
2. Personen, welche nach den Bestimmungen der Strafgesetze unfähig sind, als Zeugen eidlich vernommen zu werden;

3. die nach § 348 Nr. 1—3 und § 349 Nr. 1, 2 zur Verweigerung des Zeugnisses berechtigten Personen, sofern sie von diesem Rechte keinen Gebrauch machen, die im § 349 Nr. 1, 2 bezeichneten Personen jedoch nur dann, wenn sie lediglich über solche Thatsachen vorgeschlagen sind, auf welche sich das Recht zur Verweigerung des Zeugnisses bezieht;
4. Personen, welche bei dem Ausgange des Rechtsstreits unmittelbar betheiligt sind.

Das Prozeßgericht kann die nachträgliche Beeidigung der unter den beiden letzten Nummern bezeichneten Personen anordnen.

§ 359. Jeder Zeuge ist einzeln und in Abwesenheit der später abzuhörenden Zeugen zu vernehmen.

Zeugen, deren Aussagen sich widersprechen, können einander gegenüber gestellt werden.

§ 360. Die Vernehmung beginnt damit, daß der Zeuge über Vornamen und Zunamen, Alter, Religionsbekenntniß, Stand oder Gewerbe und Wohnort befragt wird. Erforderlichenfalls sind ihm Fragen über solche Umstände, welche seine Glaubwürdigkeit in der vorliegenden Sache betreffen, insbesondere über seine Beziehungen zu den Parteien vorzulegen.

§ 361. Der Zeuge ist zu veranlassen, dasjenige, was ihm von dem Gegenstande seiner Vernehmung bekannt ist, im Zusammenhange anzugeben.

Zur Aufklärung und zur Vervollständigung der Aussage, sowie zur Erforschung des Grundes, auf welchem die Wissenschaft des Zeugen beruht, sind nöthigenfalls weitere Fragen zu stellen.

Der Vorsitzende hat jedem Mitgliede des Gerichts auf Verlangen zu gestatten, Fragen zu stellen.

§ 362. Die Parteien sind berechtigt, dem Zeugen diejenigen Fragen vorlegen zu lassen, welche sie zur Aufklärung der Sache oder der Verhältnisse des Zeugen für dienlich erachten.

Der Vorsitzende kann den Parteien gestatten, und hat ihren Anwälten auf Verlangen zu gestatten, an den Zeugen unmittelbar Fragen zu richten.

Zweifel über die Zulässigkeit einer Frage entscheidet das Gericht.

§ 363. Das Prozeßgericht kann nach seinem Ermessen die wiederholte Vernehmung eines Zeugen anordnen.

Hat ein beauftragter oder ersuchter Richter bei der Vernehmung die Stellung der von einer Partei angeregten Frage verweigert, so kann das Prozeßgericht die nachträgliche Vernehmung des Zeugen über diese Frage anordnen.

Bei der wiederholten oder der nachträglichen Vernehmung kann der Richter statt der nochmaligen Beeidigung den Zeugen die Richtigkeit seiner Aussage unter Berufung auf den früher geleisteten Eid versichern lassen.

§ 364. Die Partei kann auf einen Zeugen, welchen sie vorgeschlagen hat, verzichten, der Gegner kann aber verlangen, daß der erschienene Zeuge vernommen und, wenn die Vernehmung bereits begonnen hat, daß dieselbe fortgesetzt werde.

§ 365. Der mit der Beweisaufnahme betraute Richter ist ermächtigt, im Falle des Nichterscheinens oder der Zeugnißverweigerung die gesetzlichen Verfügungen zu treffen, auch dieselben, soweit dieses überhaupt zulässig ist, selbst nach Erledigung des Auftrags wieder aufzuheben, über die Zulässigkeit einer dem Zeugen vorgelegten Frage vorläufig zu entscheiden und die nochmalige Vernehmung eines Zeugen vorzunehmen.

§ 366. Jeder Zeuge hat nach Maßgabe der Gebührenordnung auf Entschädigung für Zeitversäumniß und, wenn sein Erscheinen eine Reise erforderlich macht, auf Erstattung der Kosten Anspruch, welche durch die Reise und den Aufenthalt am Orte der Vernehmung verursacht werden.

G. G. § 59 Abs. 2. Die Gebührenordnung für Zeugen und Sachverständige findet in dem Verfahren vor den Gewerbegerichten Anwendung.

Achter Titel. Beweis durch Sachverständige.

§ 367. Auf den Beweis durch Sachverständige finden die Vorschriften über den Beweis durch Zeugen entsprechende Anwendung, insoweit nicht in den nachfolgenden Paragraphen abweichende Bestimmungen enthalten sind.

§ 368. Die Antretung des Beweises erfolgt durch die Bezeichnung der zu begutachtenden Punkte.

§ 369. Die Auswahl der zuzuziehenden Sachverständigen und die Bestimmung ihrer Anzahl erfolgt durch das Prozeßgericht. Dasselbe kann sich auf die Ernennung eines einzigen Sachverständigen beschränken. Es kann an Stelle der zuerst ernannten Sachverständigen andere ernennen.

Sind für gewisse Arten von Gutachten Sachverständige öffentlich bestellt, so sollen andere Personen nur dann gewählt werden, wenn besondere Umstände es erfordern.

Das Gericht kann die Parteien auffordern, Personen zu bezeichnen, welche geeignet sind, als Sachverständige vernommen zu werden.

Einigen sich die Parteien über bestimmte Personen als Sachverständige, so hat das Gericht dieser Einigung Folge zu geben; das Gericht kann jedoch die Wahl der Parteien auf eine bestimmte Anzahl beschränken.

§ 370. Das Prozeßgericht kann den mit der Beweisaufnahme betrauten Richter zur Ernennung des Sachverständigen ermächtigen.

Derselbe hat in diesem Falle die in dem vorstehenden Paragraphen dem Prozeßgerichte beigelegten Befugnisse auszuüben.

§ 371. Ein Sachverständiger kann aus denselben Gründen, welche zur Ablehnung eines Richters berechtigen, abgelehnt werden. Ein Ablehnungsgrund kann jedoch nicht daraus entnommen werden, daß der Sachverständige als Zeuge vernommen worden ist.

Das Ablehnungsgesuch ist bei demjenigen Gericht oder Richter, von welchem die Ernennung des Sachverständigen erfolgt ist, vor der Vernehmung desselben, bei schriftlicher Begutachtung vor erfolgter Einreichung des Gutachtens anzubringen. Nach diesem Zeitpunkt ist die Ablehnung nur zulässig, wenn glaubhaft gemacht wird, daß der Ablehnungsgrund vorher nicht geltend gemacht werden konnte. Das Ablehnungsgesuch kann vor dem Gerichtsschreiber zu Protokoll erklärt werden.

Der Ablehnungsgrund ist glaubhaft zu machen; der Eid ist als Mittel der Glaubhaftmachung ausgeschlossen.

Die Entscheidung erfolgt von dem im zweiten Absatze bezeichneten Gericht oder Richter; eine vorgängige mündliche Verhandlung der Betheiligten ist nicht erforderlich.

Gegen den Beschluß, durch welchen die Ablehnung für begründet erklärt wird, findet kein Rechtsmittel; gegen den Beschluß, durch welchen dieselbe für unbegründet erklärt wird, findet sofortige Beschwerde statt.

§ 372. Der zum Sachverständigen Ernannte hat der Ernennung Folge zu leisten, wenn er zur Erstattung von Gutachten der erforderten Art öffentlich bestellt ist oder wenn er die Wissenschaft, die Kunst oder das Gewerbe, deren Kenntniß Voraussetzung der Begutachtung ist, öffentlich zum Erwerbe ausübt oder wenn er zur Ausübung derselben öffentlich bestellt oder ermächtigt ist.

Zur Erstattung des Gutachtens ist auch derjenige verpflichtet, welcher sich zu derselben vor Gericht bereit erklärt hat.

§ 373. Dieselben Gründe, welche einen Zeugen berechtigen, das Zeugniß zu verweigern, berechtigen einen Sachverständigen zur Verweigerung des Gutachtens. Das Gericht kann auch aus anderen Gründen einen Sachverständigen von der Verpflichtung zur Erstattung des Gutachtens entbinden.

Die Vernehmung eines öffentlichen Beamten als Sachverständigen findet nicht statt, wenn die vorgesetzte Behörde des Beamten erklärt, daß die Vernehmung den dienstlichen Interessen Nachtheile bereiten würde.

§ 374. Im Falle des Nichterscheinens oder der Weigerung eines zur Erstattung des Gutachtens verpflichteten Sachverständigen wird dieser zum Ersatze der Kosten und zu einer Geldstrafe bis zu dreihundert Mark verurtheilt. Im Falle wiederholten Ungehorsams kann noch einmal eine Geldstrafe bis zu sechshundert Mark erkannt werden.

Gegen den Beschluß findet Beschwerde statt.

Die Festsetzung und die Vollstreckung der Strafe gegen eine dem aktiven Heere oder der aktiven Marine angehörende Militärperson erfolgt auf Ersuchen durch das Militärgericht.

§ 375. Der Sachverständige hat, wenn nicht beide Parteien auf seine Beeidigung verzichten, vor Erstattung des Gutachtens einen Eid dahin zu leisten:

daß er das von ihm geforderte Gutachten unparteiisch und nach bestem Wissen und Gewissen erstatten werde.

Ist der Sachverständige für die Erstattung von Gutachten der betreffenden Art im Allgemeinen beeidigt, so genügt die Berufung auf den geleisteten Eid.

§ 376. Wird schriftliche Begutachtung angeordnet, so hat der Sachverständige das von ihm unterschriebene Gutachten auf der Gerichtsschreiberei niederzulegen.

Das Gericht kann das Erscheinen des Sachverständigen anordnen, damit derselbe das schriftliche Gutachten erläutere.

Anm. Vgl. G.G. § 44 Abs. 1.

§ 377. Das Gericht kann eine neue Begutachtung durch dieselben oder durch andere Sachverständige anordnen, wenn es das Gutachten für ungenügend erachtet.

Das Gericht kann die Begutachtung durch einen anderen Sachverständigen anordnen, wenn ein Sachverständiger nach Erstattung des Gutachtens mit Erfolg abgelehnt ist.

§ 378. Der Sachverständige hat nach Maßgabe der Gebührenordnung auf Entschädigung für Zeitversäumniß, auf Erstattung der ihm verursachten Kosten und außerdem auf angemessene Vergütung seiner Mühewaltung Anspruch.

§ 379. Insoweit zum Beweise vergangener Thatsachen oder Zustände, zu deren Wahrnehmung eine besondere Sachkunde erforderlich war, sachkundige Personen zu vernehmen sind, kommen die Vorschriften über den Zeugenbeweis zur Anwendung.

Neunter Titel. Beweis durch Urkunden.

§ 380. Urkunden, welche von einer öffentlichen Behörde innerhalb der Grenzen ihrer Amtsbefugnisse oder von einer mit öffentlichem Glauben versehenen Person innerhalb des ihr zugewiesenen Geschäftskreises in der vorgeschriebenen Form aufgenommen sind (öffentliche Urkunden), begründen, wenn sie über eine vor der Behörde oder der Urkundsperson abgegebene Erklärung errichtet sind, vollen Beweis des durch die Behörde oder die Urkundsperson beurkundeten Vorganges.

Der Beweis, daß der Vorgang unrichtig beurkundet sei, ist zulässig.

§ 381. Privaturkunden begründen, sofern sie von den Ausstellern unterschrieben odes mittels gerichtlich oder notariell beglaubigten Handzeichens unterzeichnet sind, vollen Beweis dafür, daß die in denselben enthaltenen Erklärungen von den Ausstellern abgegeben sind.

§ 382. Die von einer Behörde ausgestellten, eine amtliche Anordnung, Verfügung oder Entscheidung enthaltenden öffentlichen Urkunden begründen vollen Beweis ihres Inhalts.

§ 383. Oeffentliche Urkunden, welche einen anderen als den in den §§ 380, 382 bezeichneten Inhalt haben, begründen vollen Beweis der darin bezeugten Thatsachen.

Der Beweis der Unrichtigkeit der bezeugten Thatsachen ist zulässig, sofern nicht die Landesgesetze diesen Beweis ausschließen oder beschränken.

Beruht das Zeugniß nicht auf eigener Wahrnehmung der Behörde oder der Urkundsperson, so findet die Vorschrift des ersten Absatzes nur dann Anwendung, wenn sich aus den Landesgesetzen ergiebt, daß die Beweiskraft des Zeugnisses von der eigenen Wahrnehmung unabhängig ist.

§ 384. Inwiefern Durchstreichungen, Radirungen, Einschaltungen oder sonstige äußere Mängel die Beweiskraft einer Urkunde ganz oder theilweise aufheben oder mindern, entscheidet das Gericht nach freier Ueberzeugung.

§ 385. Die Antretung des Beweises erfolgt durch die Vorlegung der Urkunde.

§ 386. Befindet sich die Urkunde nach der Behauptung des Beweisführers in den Händen des Gegners, so erfolgt die Antretung des Beweises durch den Antrag, dem Gegner die Vorlegung der Urkunde aufzugeben.

§ 387. Der Gegner ist zur Vorlegung der Urkunde verpflichtet:

1. wenn der Beweisführer nach den Vorschriften des bürgerlichen Rechts die Herausgabe der Urkunde oder deren Vorlegung auch außerhalb des Prozesses verlangen kann;
2. wenn die Urkunde ihrem Inhalte nach eine für den Beweisführer und den Gegner gemeinschaftliche ist.

   Als gemeinschaftlich gilt eine Urkunde insbesondere für die Personen, in deren Interesse sie errichtet ist oder deren gegenseitige Rechtsverhältnisse darin beurkundet sind. Als gemeinschaftlich gelten auch die über ein Rechtsgeschäft zwischen den Betheiligten oder zwischen einem derselben und dem gemeinsamen Vermittler des Geschäfts gepflogenen schriftlichen Verhandlungen.

§ 388. Der Gegner ist auch zur Vorlegung derjenigen in seinen Händen befindlichen Urkunden verpflichtet, auf welche er im Prozesse zur Beweisführung Bezug genommen hat, selbst wenn dieses nur in einem vorbereitenden Schriftsatze geschehen ist.

§ 389. Der Antrag soll enthalten:
1. die Bezeichnung der Urkunde;
2. die Bezeichnung der Thatsachen, welche durch die Urkunde bewiesen werden sollen;
3. die möglichst vollständige Bezeichnung des Inhalts der Urkunde;
4. die Angabe der Umstände, auf welche die Behauptung sich stützt, daß die Urkunde sich in dem Besitze des Gegners befindet;
5. die Bezeichnung des Grundes, welcher die Verpflichtung zur Vorlegung der Urkunde ergiebt. Der Grund ist glaubhaft zu machen.

§ 390. Erachtet das Gericht die Thatsache, welche durch die Urkunde bewiesen werden soll, für erheblich und den Antrag für begründet, so ordnet es, wenn der Gegner zugesteht, daß die Urkunde sich in seinen Händen befinde, oder wenn der Gegner sich über den Antrag nicht erklärt, die Vorlegung der Urkunde an.

§ 391. Bestreitet der Gegner, daß die Urkunde sich in seinem Besitze befinde, so hat er einen Eid dahin zu leisten:

daß er nach sorgfältiger Nachforschung die Ueberzeugung erlangt habe, daß die Urkunde in seinem Besitze sich nicht befinde, daß er die Urkunde nicht in der Absicht abhanden gebracht habe, deren Benutzung dem Beweisführer zu entziehen, daß er auch nicht wisse, wo die Urkunde sich befinde.

Das Gericht kann eine der Lage der Sache entsprechende Aenderung der vorstehenden Eidesnorm beschließen.

Auf die Leistung des Eides durch Streitgenossen, gesetzliche Vertreter, Minderjährige und Verschwender finden die Vorschriften der §§ 434—436 entsprechende Anwendung.

Hat eine öffentliche Behörde Urkunden vorzulegen, so wird der Eid von dem Beamten geleistet, welchem die Verwahrung der Urkunden übertragen ist.

§ 392. Kommt der Gegner der Anordnung, die Urkunde vorzulegen oder den Eid zu leisten, nicht nach, so ist, wenn der Beweisführer eine Abschrift der Urkunde beigebracht hat, diese Abschrift als richtig anzusehen. Ist eine Abschrift der Urkunde nicht beigebracht, so können die Behauptungen des Beweisführers über die Beschaffenheit und den Inhalt der Urkunde als bewiesen angenommen werden.

§ 393. Befindet sich die Urkunde nach der Behauptung des Beweisführers in den Händen eines Dritten, so erfolgt die Antretung des Beweises durch den Antrag, zur Herbeischaffung der Urkunde eine Frist zu bestimmen.

§ 394. Der Dritte ist aus denselben Gründen wie der Gegner des Beweisführers zur Vorlegung einer Urkunde verpflichtet; er kann zur Vorlegung nur im Wege der Klage genöthigt werden.

§ 395. Zur Begründung des nach § 393 zu stellenden Antrags hat der Beweisführer den Erfordernissen des § 389 Nr. 1—3, 5 zu genügen und außerdem glaubhaft zu machen, daß die Urkunde sich in den Händen des Dritten befinde.

§ 396. Ist die Thatsache, welche durch die Urkunde bewiesen werden soll, erheblich, und der Antrag den Bestimmungen des vorstehenden Paragraphen entsprechend, so hat das Gericht eine Frist zur Vorlegung der Urkunde in einem von dem Beweisführer zu erwirkenden Termine zu bestimmen.

Der Gegner kann die Fortsetzung des Verfahrens vor dem Ablaufe der Frist beantragen, wenn die Klage gegen den Dritten erledigt ist oder wenn der Beweisführer die Erhebung der Klage oder die Betreibung des Prozesses oder der Zwangsvollstreckung verzögert.

§ 397. Befindet sich die Urkunde nach der Behauptung des Beweisführers in den Händen einer öffentlichen Behörde oder eines öffentlichen Beamten, so erfolgt die Antretung des Beweises durch den Antrag, die Behörde oder den Beamten um die Mittheilung der Urkunde zu ersuchen.

Diese Vorschrift findet auf Urkunden, welche die Parteien nach den gesetzlichen Vorschriften ohne Mitwirkung des Gerichts zu beschaffen im Stande sind, keine Anwendung.

Verweigert die Behörde oder der Beamte die Mittheilung der Urkunde in Fällen, in welchen eine Verpflichtung zur Vorlegung auf § 387 gestützt wird, so finden die Bestimmungen der §§ 393—396 Anwendung.

§ 398. Wird nach Erlassung eines Beweisbeschlusses über die in demselben bezeichneten streitigen Thatsachen Beweis in Gemäßheit der §§ 393, 397 angetreten, so ist die Beweisantretung auf Antrag zurückzuweisen, wenn durch das zur Herbeischaffung der Urkunden erforderliche Verfahren die Erledigung des Rechtsstreits verzögert werden würde und das Gericht die Ueberzeugung gewinnt, daß die Partei in der Absicht, den Prozeß zu verschleppen, oder aus grober Nachlässigkeit den Beweis nicht früher angetreten hat.

§ 399. Wenn die Vorlegung einer Urkunde bei der mündlichen Verhandlung wegen erheblicher Hindernisse nicht erfolgen kann oder wegen der Wichtigkeit der Urkunde und der Besorgniß des Verlustes oder der Beschädigung bedenklich erscheint, so kann das Prozeßgericht anordnen, daß die Vorlegung vor einem seiner Mitglieder oder vor einem anderen Gerichte geschehe.

Anm. Vgl. G.G. § 43.

§ 400. Eine öffentliche Urkunde kann in Urschrift oder in einer beglaubigten Abschrift, welche hinsichtlich der Beglaubigung die Erforderniſſe einer öffentlichen Urkunde an ſich trägt, vorgelegt werden; das Gericht kann jedoch anordnen, daß der Beweisführer die Urſchrift vorlege oder die Thatſachen angebe und glaubhaft mache, welche ihn an der Vorlegung der Urſchrift verhindern. Bleibt die Anordnung erfolglos, ſo entſcheidet das Gericht nach freier Ueberzeugung, welche Beweiskraft der beglaubigten Abſchrift beizulegen ſei.

§ 401. Der Beweisführer kann nach erfolgter Vorlegung einer Urkunde nur mit Zuſtimmung des Gegners auf dieſes Beweismittel verzichten.

§ 402. Urkunden, welche nach Form und Inhalt als von einer öffentlichen Behörde oder von einer mit öffentlichem Glauben verſehenen Perſon errichtet ſich darſtellen, haben die Vermuthung der Echtheit für ſich.

Das Gericht kann, wenn es die Echtheit für zweifelhaft hält, auch von Amtswegen die Behörde oder die Perſon, von welcher die Urkunde errichtet ſein ſoll, zu einer Erklärung über die Echtheit veranlaſſen.

§ 403. Ob eine Urkunde, welche als von einer ausländiſchen Behörde oder von einer mit öffentlichem Glauben verſehenen Perſon des Auslandes errichtet ſich darſtellt, ohne näheren Nachweis als echt anzuſehen ſei, hat das Gericht nach den Umſtänden des Falles zu ermeſſen.

Zum Beweiſe der Echtheit einer ſolchen Urkunde genügt die Legaliſation durch einen Konſul oder Geſandten des Reichs.

§ 404. Ueber die Echtheit einer Privaturkunde hat ſich der Gegner des Beweisführers nach Vorſchrift des § 129 zu erklären.

Befindet ſich unter der Urkunde eine Namensunterſchrift, ſo iſt die Erklärung auf die Echtheit der Unterſchrift zu richten.

Erfolgt die Erklärung nicht, ſo iſt die Urkunde als anerkannt anzuſehen, wenn nicht die Abſicht, die Echtheit beſtreiten zu wollen, aus den übrigen Erklärungen der Partei hervorgeht.

§ 468. (Verfahren vor den Amtsgerichten.) Wegen unterbliebener Erklärung iſt eine Urkunde nur dann als anerkannt anzuſehen, wenn die Partei durch das Gericht zur Erklärung über die Echtheit der Urkunde aufgefordert iſt.

§ 405. Die Echtheit einer nicht anerkannten Privaturkunde iſt zu beweiſen.

Steht die Echtheit der Namensunterſchrift feſt oder iſt das unter einer Urkunde befindliche Handzeichen gerichtlich oder notariell beglaubigt, ſo hat die über der Unterſchrift oder dem Handzeichen ſtehende Schrift die Vermuthung der Echtheit für ſich.

§ 406. Der Beweis der Echtheit oder Unechtheit einer Urkunde kann auch durch Schriftvergleichung geführt werden.

In diesem Falle hat der Beweisführer zur Vergleichung geeignete Schriften vorzulegen oder deren Mittheilung in Gemäßheit der Bestimmung des § 397 zu beantragen und erforderlichen Falls den Beweis der Echtheit derselben anzutreten.

Befinden sich zur Vergleichung geeignete Schriften in den Händen des Gegners, so ist dieser auf Antrag des Beweisführers zur Vorlegung verpflichtet. Die Bestimmungen der §§ 386—391 finden entsprechende Anwendung. Kommt der Gegner der Anordnung, die zur Vergleichung geeigneten Schriften vorzulegen oder den im § 391 bestimmten Eid zu leisten, nicht nach, so gilt der Echtheitsbeweis als geführt.

Macht der Beweisführer glaubhaft, daß in den Händen eines Dritten geeignete Vergleichungsschriften sich befinden, deren Vorlegung er im Wege der Klage zu erwirken im Stande sei, so finden die Vorschriften des § 396 entsprechende Anwendung.

§ 407. Ueber das Ergebniß der Schriftvergleichung hat das Gericht nach freier Ueberzeugung, geeigneten Falls nach Anhörung von Sachverständigen zu entscheiden.

§ 408. Urkunden, deren Echtheit bestritten ist oder deren Inhalt verändert sein soll, werden bis zur Erledigung des Rechtsstreits auf der Gerichtsschreiberei verwahrt, sofern nicht ihre Auslieferung an eine andere Behörde im Interesse der öffentlichen Ordnung erforderlich ist.

§ 409. Ist eine Urkunde von einer Partei in der Absicht, deren Benutzung dem Gegner zu entziehen, beseitigt oder zur Benutzung untauglich gemacht, so können die Behauptungen des Gegners über die Beschaffenheit und den Inhalt der Urkunde als bewiesen angesehen werden.

Zehnter Titel. Beweis durch Eid.

§ 410. Die Eideszuschiebung ist nur über Thatsachen zulässig, welche in Handlungen des Gegners, seiner Rechtsvorgänger oder Vertreter bestehen oder welche Gegenstand der Wahrnehmung dieser Personen gewesen sind.

§ 411. Die Eideszuschiebung über eine Thatsache, deren Gegentheil das Gericht für erwiesen erachtet, ist unzulässig.

§ 412. Eine nicht beweispflichtige Partei übernimmt durch Eideszuschiebung nicht die Beweispflicht.

§ 413. Die Zurückschiebung des Eides ist nur insofern zulässig, als nach den Bestimmungen des § 410 die Zuschiebung desselben zulässig sein würde.

Sie findet nicht statt, wenn die Partei, welcher der Eid zugeschoben ist, nicht aber die Gegenpartei über ihre eigene Handlung oder Wahrnehmung zu schwören haben würde.

§ 414. Der Eid kann nur der Partei, nicht einem Dritten zugeschoben oder zurückgeschoben werden. Die Zuschiebung oder Zurückschiebung an einen Nebenintervenienten findet nur statt, wenn dieser als Streitgenosse der Hauptpartei anzusehen ist (§ 66).

§ 415. Das Gericht kann anordnen, daß die in den §§ 410, 413, 414 enthaltenen Beschränkungen für die Zuschiebung und Zurückschiebung des Eides nicht zur Anwendung kommen sollen, wenn die Parteien in Betreff des zu leistenden Eides einig sind und der Eid sich auf Thatsachen bezieht.

§ 416. Die Antretung des Beweises erfolgt durch die Erklärung, daß dem Gegner über die bestimmt zu bezeichnende Thatsache der Eid zugeschoben werde.

§ 417. Die Partei, welcher der Eid zugeschoben ist, hat sich zu erklären, ob sie den Eid annehme oder zurückschiebe, selbst wenn sie Einwendungen in Beziehung auf die Eideszuschiebung vorbringt.

Giebt die Partei keine Erklärung ab oder schiebt sie in einem Falle, in welchem die Zurückschiebung unzulässig ist, den Eid zurück, ohne denselben bedingt anzunehmen, so wird der Eid als verweigert angesehen.

§ 418. Durch die Zuschiebung, Annahme oder Zurückschiebung des Eides wird die Geltendmachung anderer Beweismittel von Seiten der einen oder der anderen Partei nicht ausgeschlossen.

Werden andere Beweismittel geltend gemacht, so gilt der Eid nur für den Fall als zugeschoben, daß die Antretung des Beweises durch die anderen Beweismittel erfolglos bleibt.

§ 419. Werden andere Beweismittel geltend gemacht, so ist die Partei, welcher der Eid zugeschoben wurde, nicht verpflichtet, sich über die Eideszuschiebung früher zu erklären, als bis die Eideszuschiebung nach Aufnahme oder sonstiger Erledigung der anderen Beweismittel wiederholt ist.

Sind andere Beweise aufgenommen, so kann die vorher abgegebene Erklärung widerrufen werden.

§ 420. Wegen unterbliebener Erklärung auf eine Eideszuschiebung kann der Eid nur dann als verweigert angesehen werden, wenn die Partei durch das Gericht zur Erklärung über den Eid aufgefordert ist.

§ 421. Der zurückgeschobene Eid gilt auch ohne ausdrückliche Erklärung über die Annahme als von dem Beweisführer angenommen.

§ 422. Die Zurückschiebung des Eides kann außer dem Falle des § 419 Abs. 2 widerrufen werden, wenn der Schwurpflichtige wegen wissentlicher Verletzung der Eidespflicht rechtskräftig verurtheilt oder wenn glaubhaft gemacht wird, daß der Gegner erst nach erfolgter Zurückschiebung des Eides von einer solchen Verurtheilung Kenntniß erlangt habe.

§ 423. Die Annahme oder Zurückschiebung des Eides kann außer den Fällen des § 419 Abs. 2 und des § 422 nicht widerrufen werden.

§ 424. Ueber eine Thatsache, welche in einer Handlung des Schwurpflichtigen besteht oder Gegenstand seiner Wahrnehmung gewesen ist, wird der Eid dahin geleistet:

daß die Thatsache wahr oder nicht wahr sei.

Ist eine solche Thatsache vom Gegner des Schwurpflichtigen behauptet und kann dem letzteren nach den Umständen des Falles nicht zugemuthet werden, daß er die Wahrheit oder Nichtwahrheit derselben beschwöre, so kann das Gericht auf Antrag die Leistung des Eides dahin anordnen:

daß der Schwurpflichtige nach sorgfältiger Prüfung und Erkundigung die Ueberzeugung erlangt habe, daß die Thatsache wahr oder nicht wahr sei.

Ueber andere Thatsachen wird der Eid dahin geleistet:

daß der Schwurpflichtige nach sorgfältiger Prüfung und Erkundigung die Ueberzeugung erlangt oder nicht erlangt habe, daß die Thatsache wahr sei.

G. G. § 45. Ob die Leistung eines zugeschobenen oder zurückgeschobenen Eides durch bedingtes Urtheil oder durch Beweisbeschluss anzuordnen sei, bestimmt das Gericht nach freiem Ermessen.

§ 425 Abs. 2. Die Eidesleistung erfolgt erst nach Eintritt der Rechtskraft des Urtheils.

§ 427. In dem bedingten Urtheil ist die Eidesnorm und die Folge sowohl der Leistung als der Nichtleistung des Eides so genau, als die Lage der Sache dies gestattet, festzustellen.

Der Eintritt dieser Folge wird durch Endurtheil ausgesprochen.

§ 428. Durch Leistung des Eides wird voller Beweis der beschworenen Thatsache begründet.

Der Beweis des Gegentheils findet nur unter denselben Voraussetzungen statt, unter welchen ein rechtskräftiges Urtheil wegen Verletzung der Eidespflicht angefochten werden kann.

§ 429. Die Erlassung des Eides von Seiten des Gegners hat dieselbe Wirkung, wie die Leistung des Eides.

Die Verweigerung der Eidesleistung hat zur Folge, daß das Gegentheil der zu beschwörenden Thatsache als voll bewiesen gilt.

G. G. § 46. Erscheint der Schwurpflichtige in dem zur Leistung eines Eides bestimmten Termine nicht, so ist der Eid ohne weiteres als verweigert anzusehen. Dem Verfahren ist Fortgang zu geben.

Der Schwurpflichtige kann binnen einer Nothfrist von drei Tagen nach dem Termine sich zur nachträglichen Leistung des Eides erbieten. Auf ein inzwischen ergangenes Urtheil finden die Bestimmungen des § 647 der Civilprozessordnung entsprechende Anwendung. Ein solches Urtheil ist, wenn der Eid nachträglich geleistet wird, insoweit aufzuheben, als es auf der Annahme der Eidesverweigerung beruht.

Erscheint der Schwurpflichtige auch in dem zur nachträglichen Eidesleistung bestimmten Termine nicht, so findet ein nochmaliges Erbieten zur Eidesleistung nicht statt.

§ 431. Der Schwurpflichtige, welcher frühere Behauptungen zurücknimmt oder früher bestrittene Thatsachen zugesteht, kann sich zur Leistung eines beschränkteren Eides erbieten, selbst wenn der Eid bereits durch bedingtes Urtheil auferlegt ist. Auch können unerhebliche Umstände, welche in die Eidesform aufgenommen sind, berichtigt werden.

§ 432. Ist der Eid durch bedingtes Urtheil auferlegt, so kann, auch nach Eintritt der Rechtskraft, die Zuschiebung sowie die Zurückschiebung des Eides widerrufen werden, wenn der Schwurpflichtige wegen wissentlicher Verletzung der Eidespflicht rechtskräftig verurtheilt oder wenn glaubhaft gemacht wird, daß der Gegner erst nach erfolgter Zuschiebung oder Zurückschiebung des Eides von einer solchen Verurtheilung Kenntniß erlangt habe.

§ 433. Wenn der Schwurpflichtige stirbt, wenn er zur Leistung des Eides unfähig wird oder wenn er aufhört gesetzlicher Vertreter zu sein, so können beide Parteien in Ansehung der betreffenden Beweisführung alle Rechte ausüben, welche ihnen vor der Zuschiebung des Eides zustanden.

Dasselbe gilt, wenn in Folge der Verurtheilung des Schwurpflichtigen wegen wissentlicher Verletzung der Eidespflicht die Zuschiebung oder Zurückschiebung des Eides widerrufen wird.

Ist der Eid durch bedingtes Urtheil auferlegt, so wird unter Aufhebung des Urtheils in der Sache anderweit erkannt.

§ 434. Der Eid über eine Thatsache, welche für ein allen Streitgenossen gegenüber nur einheitlich festzustellendes Rechtsverhältniß von Einfluß ist, muß allen Streitgenossen zugeschoben oder zurückgeschoben werden, sofern nicht rücksichtlich einzelner Streitgenossen die Zuschiebung oder Zurückschiebung unzulässig ist. In jedem Falle bedarf es zur Zuschiebung oder zur Zurückschiebung der übereinstimmenden Erklärung aller Streitgenossen. Ueber die Annahme des Eides haben sich nur diejenigen Streitgenossen zu erklären, welchen der Eid zugeschoben ist.

Ist der von allen oder von einigen Streitgenossen zu leistende Eid von einem oder mehreren derselben, oder ist der von einem Theile der Streitgenossen zu leistende Eid von allen Schwurpflichtigen verweigert oder als von ihnen verweigert anzusehen, so entscheidet das Gericht nach freier Ueberzeugung, ob die Behauptung, deren Beweis durch Eideszuschiebung angetreten ist, für wahr zu erachten sei. Erklären einzelne Streitgenossen, daß sie den Eid nicht leisten werden, so ist in Ansehung der übrigen Streitgenossen die Leistung des Eides nicht anzuordnen oder der Eid nicht abzunehmen, sofern das Gericht denselben für unerheblich erachtet.

§ 435. Ist eine Partei nicht prozeßfähig, so ist die Zuschiebung oder Zurückschiebung des Eides nur an ihren gesetzlichen Vertreter und nur insoweit zulässig, als die vertretene Partei, wenn sie den Prozeß in Person führte, oder der Vertreter, wenn er selbst Partei wäre, dieselbe zulassen müßte.

Minderjährigen, welche das sechzehnte Lebensjahr zurückgelegt haben, oder Verschwendern kann über Thatsachen, welche in Handlungen derselben bestehen oder Gegenstand ihrer Wahrnehmung gewesen sind, der Eid zugeschoben oder zurückgeschoben werden, sofern dies von dem Gericht auf Antrag des Gegners nach den Umständen des Falles für zulässig erklärt wird.

§ 436. Sind mehrere gesetzliche Vertreter vorhanden, so finden die Vorschriften des § 434 entsprechende Anwendung. Betrifft der Eid die eigenen Handlungen oder Wahrnehmungen nur einiger oder eines der Vertreter, so ist er von den übrigen nicht zu leisten.

§ 437. Ist das Ergebniß der Verhandlungen und einer etwaigen Beweisaufnahme nicht ausreichend, um die Ueberzeugung des Gerichts von der Wahrheit oder Unwahrheit der zu erweisenden Thatsache zu begründen, so kann das Gericht der einen oder der anderen Partei über eine streitige Thatsache einen Eid auferlegen.

§ 438. Der richterliche Eid kann allen Streitgenossen oder gesetzlichen Vertretern, er kann einigen oder einem derselben auferlegt werden.

§ 439. Die Bestimmungen der §§ 422—433, 435 finden auf den richterlichen Eid entsprechende Anwendung.

Ist der Schwurpflichtige wegen wissentlicher Verletzung der Eidespflicht rechtskräftig verurtheilt, so ist der Antrag des Gegners, den richterlichen Eid zurückzunehmen, gerechtfertigt, wenngleich der Gegner schon vor der Auferlegung des Eides von dieser Verurtheilung Kenntniß gehabt hat.

Der richterliche Eid wird durch bedingtes Urtheil auferlegt.

Elfter Titel. Verfahren bei der Abnahme von Eiden.

§ 440. Der Eid muß von dem Schwurpflichtigen in Person geleistet werden.

§ 441. Das Prozeßgericht kann anordnen, daß die Eidesleistung vor einem seiner Mitglieder oder vor einem anderen Gericht erfolge, wenn der Schwurpflichtige am Erscheinen vor dem Prozeßgerichte verhindert ist oder in großer Entfernung von dem Sitze desselben sich aufhält.

Die Eidesleistung der Landesherren und der Mitglieder der landesherrlichen Familien sowie der Mitglieder der Fürstlichen Familie Hohenzollern erfolgt in der Wohnung derselben vor einem Mitgliede des Prozeßgerichts oder vor einem anderen Gerichte.

§ 442. Vor der Leistung des Eides hat der Richter den Schwurpflichtigen in angemessener Weise auf die Bedeutung des Eides hinzuweisen.

§ 443. Der Eid beginnt mit den Worten:
„Ich schwöre bei Gott dem Allmächtigen und Allwissenden"
und schließt mit den Worten:
„So wahr mir Gott helfe".

§ 444. Der Eid wird mittels Nachsprechens oder Ablesens der die Eidesnorm enthaltenden Eidesformel geleistet. Der Schwörende soll bei der Eidesleistung die rechte Hand erheben.

Ist die Eidesnorm von großem Umfange, so genügt die Vorlesung der Eidesnorm und die Verweisung auf die letztere in der Eidesformel.

Die Landesherren und die Mitglieder der landesherrlichen Familien sowie die Mitglieder der Fürstlichen Familie Hohenzollern leisten den Eid mittels Unterschreibens der die Eidesnorm enthaltenden Eidesformel.

§ 445. Stumme, welche schreiben können, leisten den Eid mittels Abschreibens und Unterschreibens der die Eidesnorm enthaltenden Eidesformel.

Stumme, welche nicht schreiben können, leisten den Eid mit Hülfe eines Dolmetschers durch Zeichen.

§ 446. Der Eidesleistung wird gleichgeachtet, wenn ein Mitglied einer Religionsgesellschaft, welcher das Gesetz den Gebrauch gewisser Betheuerungsformeln an Stelle des Eides gestattet, eine Erklärung unter der Betheuerungsformel dieser Religionsgesellschaft abgiebt.

Zwölfter Titel. Sicherung des Beweises.

§ 447. Die Einnahme des Augenscheins und die Vernehmung von Zeugen und Sachverständigen kann zur Sicherung des Beweises erfolgen, wenn zu besorgen ist, daß das Beweismittel verloren oder die Benutzung desselben erschwert werde.]

§ 448. Das Gesuch ist bei dem Gericht anzubringen, vor welchem der Rechtsstreit anhängig ist; es kann vor dem Gerichtsschreiber zu Protokoll erklärt werden.

In Fällen dringender Gefahr kann das Gesuch auch bei dem Amtsgericht angebracht werden, in dessen Bezirke die zu vernehmenden Personen sich aufhalten oder der in Augenschein zu nehmende Gegenstand sich befindet.

Bei dem bezeichneten Amtsgerichte muß das Gesuch angebracht werden, wenn der Rechtsstreit noch nicht anhängig ist.

§ 449. Das Gesuch muß enthalten:

1. die Bezeichnung des Gegners;
2. die Bezeichnung der Thatsachen, über welche die Beweisaufnahme erfolgen soll;
3. die Bezeichnung der Beweismittel unter Benennung der zu vernehmenden Zeugen und Sachverständigen;
4. die Darlegung des Grundes, welcher die Besorgniß rechtfertigt, daß das Beweismittel verloren oder die Benutzung desselben erschwert werde. Dieser Grund ist glaubhaft zu machen.

§ 450. Mit Zustimmung des Gegners kann die beantragte Beweisaufnahme angeordnet werden, auch wenn die Voraussetzungen des § 447 nicht vorliegen.

§ 451. Die Entscheidung über das Gesuch kann ohne vorgängige mündliche Verhandlung erfolgen.

In dem Beschlusse, durch welchen dem Gesuche stattgegeben wird, sind die Thatsachen, über welche der Beweis zu erheben ist, und die Beweismittel unter Benennung der zu vernehmenden Zeugen und Sachverständigen zu bezeichnen. Eine Anfechtung dieses Beschlusses findet nicht statt.

§ 453. Die Beweisaufnahme erfolgt nach den für die Aufnahme des betreffenden Beweismittels überhaupt geltenden Vorschriften.

Das Protokoll über die Beweisaufnahme ist bei dem Gerichte, welches dieselbe angeordnet hat, aufzubewahren.

§ 454. Jede Partei hat das Recht, die Beweisverhandlungen in dem Prozesse zu benutzen.

War der Gegner in dem Termine nicht erschienen, in welchem die Beweisaufnahme erfolgte, so ist der Beweisführer zur Benutzung der Beweisverhandlungen nur dann berechtigt, wenn der Gegner zu dem Termine rechtzeitig geladen war oder wenn der Beweisführer glaubhaft macht, daß ohne sein Verschulden die Ladung unterblieben oder nicht rechtzeitig erfolgt sei.

§ 455. Wird von dem Beweisführer ein Gegner nicht bezeichnet, so ist das Gesuch nur dann zulässig, wenn der Beweisführer glaubhaft macht, daß er ohne sein Verschulden außer Stande sei, den Gegner zu bezeichnen.

Wird dem Gesuche stattgegeben, so kann das Gericht dem unbekannten Gegner zur Wahrnehmung seiner Rechte bei der Beweisaufnahme einen Vertreter bestellen.

Zweiter Abschnitt. Verfahren vor den Amtsgerichten.

§ 456. Auf das Verfahren vor den Amtsgerichten finden die Vorschriften über das Verfahren vor den Landgerichten Anwendung, soweit nicht aus den allgemeinen Bestimmungen des ersten Buchs, aus den nachfolgenden besonderen Bestimmungen und aus der Verfassung der Amtsgerichte sich Abweichungen ergeben.

§ 457 abgedruckt vor § 230.

§ 465 abgedruckt hinter § 248.

§ 468 abgedruckt hinter § 404.

§ 470 abgedruckt hinter § 146.

Dritter Abschnitt. Beschwerde.

§ 530. Das Rechtsmittel der Beschwerde findet in den in diesem Gesetze besonders hervorgehobenen Fällen und gegen solche eine vorgängige mündliche Verhandlung nicht erfordernde Entscheidungen statt, durch welche ein das Verfahren betreffendes Gesuch zurückgewiesen ist.

G. G. § 55 Abs. 2. Als Berufungs- und Beschwerdegericht ist das Landgericht, in dessen Bezirke das Gewerbegericht seinen Sitz hat, zuständig.

§ 531 Abs. 2. Gegen die Entscheidung des Beschwerdegerichts findet, soweit nicht in derselben ein neuer selbständiger Beschwerdegrund enthalten ist, eine weitere Beschwerde nicht statt.

§ 532. Die Beschwerde wird bei dem Gericht eingelegt, von welchem oder von dessen Vorsitzenden die angefochtene Entscheidung erlassen ist; sie kann in dringenden Fällen auch bei dem Beschwerdegericht eingelegt werden.

Die Einlegung erfolgt durch Einreichung einer Beschwerdeschrift; die Einlegung kann auch durch Erklärung zum Protokolle des Gerichtsschreibers erfolgen, wenn der Rechtsstreit bei einem Amtsgericht anhängig ist oder anhängig war, wenn die Beschwerde das Armenrecht betrifft oder von einem Zeugen oder Sachverständigen erhoben wird.

G. G. § 55 Abs. 3. Ist für das Rechtsmittel gegen eine Entscheidung des Gewerbegerichts eine Nothfrist bestimmt, so beginnt diese für jede Partei mit der an sie bewirkten Zustellung und, sofern auf die Zustellung verzichtet war (§ 30 Absatz 2), mit der Verkündung der Entscheidung. Im Uebrigen richtet sich die Einlegung des Rechtsmittels und das Verfahren in der Rechtsmittelinstanz nach den Vorschriften der Civilprozessordnung. Die Bestimmung in § 532 Absatz 2 der Civilprozessordnung über die Einlegung der Beschwerde in den bei einem Amtsgericht anhängigen oder anhängig gewesenen Sachen findet entsprechende Anwendung.

§ 533. Die Beschwerde kann auf neue Thatsachen und Beweise gestützt werden.

§ 534. Erachtet das Gericht oder der Vorsitzende, dessen Entscheidung angefochten wird, die Beschwerde für begründet, so haben sie derselben abzuhelfen; anderenfalls ist die Beschwerde vor Ablauf einer Woche dem Beschwerdegerichte vorzulegen.

§ 535. Die Beschwerde hat nur dann aufschiebende Wirkung, wenn sie gegen eine der in den §§ 345, 355, 374, 579, 619 erwähnten Entscheidungen gerichtet ist.

Das Gericht oder der Vorsitzende, dessen Entscheidung angefochten wird, kann anordnen, daß die Vollziehung derselben auszusetzen sei.

Das Beschwerdegericht kann vor der Entscheidung eine einstweilige Anordnung erlassen; es kann insbesondere anordnen, daß die Vollziehung der angefochtenen Entscheidung auszusetzen sei.

§ 536. Die Entscheidung über die Beschwerde kann ohne vorgängige mündliche Verhandlung erfolgen.

Ordnet das Gericht eine schriftliche Erklärung an, so kann dieselbe in den Fällen, in welchen die Beschwerde zum Protokolle des Gerichtsschreibers eingelegt werden darf, zum Protokolle des Gerichtsschreibers abgegeben werden.

§ 537. Das Beschwerdegericht hat von Amtswegen zu prüfen, ob die Beschwerde an sich statthaft und ob sie in der gesetzlichen Form und Frist eingelegt sei. Mangelt es an einem dieser Erfordernisse, so ist die Beschwerde als unzulässig zu verwerfen.

§ 538. Erachtet das Beschwerdegericht die Beschwerde für begründet, so kann es demjenigen Gericht oder Vorsitzenden, von welchem die beschwerende Entscheidung erlassen war, die erforderliche Anordnung übertragen.

§ 539. Wird die Aenderung einer Entscheidung des beauftragten oder ersuchten Richters oder des Gerichtsschreibers verlangt, so ist die Entscheidung des Prozeßgerichts nachzusuchen.

Die Beschwerde findet gegen die Entscheidung des Prozeßgerichts statt.

Die Bestimmung des ersten Absatzes gilt auch für das Reichsgericht.

§ 540. Für die Fälle der sofortigen Beschwerde gelten die nachfolgenden besonderen Bestimmungen.

Die Beschwerde ist binnen einer Nothfrist von zwei Wochen, welche mit der Zustellung, in den Fällen der §§ 301 und 829 Abs. 3 mit der Verkündung der Entscheidung beginnt, einzulegen. Die Einlegung bei dem Beschwerdegerichte genügt zur Wahrung der Nothfrist, auch wenn der Fall für dringlich nicht erachtet wird. Liegen die Erfordernisse der Nichtigkeits- oder der Restitutionsklage vor, so kann die Beschwerde auch nach Ablauf der Nothfrist innerhalb der für diese Klagen geltenden Nothfristen erhoben werden.

Das Gericht ist zu einer Abänderung seiner durch Beschwerde angegriffenen Verfügung nicht befugt.

In den Fällen des § 539 muß auf dem für die Einlegung der Beschwerde vorgeschriebenen Wege die Entscheidung des Prozeßgerichts binnen der Nothfrist nachgesucht werden. Das Prozeßgericht hat das Gesuch, wenn es demselben nicht entsprechen will, dem Beschwerdegerichte vorzulegen.

Anm. Vgl. wegen des Beginns der Frist G. G. § 55 Abs. 3.

Achtes Buch. Zwangsvollstreckung.

Erster Abschnitt. Allgemeine Bestimmungen.

G. G. § 56. Aus den Endurtheilen der Gewerbegerichte, welche rechtskräftig oder für vorläufig vollstreckbar erklärt sind, sowie aus den Vergleichen, welche nach Erhebung der Klage vor dem Gewerbegerichte geschlossen sind, findet die Zwangsvollstreckung statt.

Die der Berufung oder dem Einspruch unterliegenden Urtheile sind von Amtswegen für vorläufig vollstreckbar zu erklären, wenn sie die in Nummer 1 des § 3 bezeichneten Streitigkeiten betreffen oder der Gegenstand der Verurtheilung an Geld oder Geldeswerth die Summe von 300 Mark nicht übersteigt.

Die vorläufige Vollstreckbarkeit ist nicht auszusprechen, wenn glaubhaft gemacht wird, dass die Vollstreckung dem Schuldner einen nicht zu ersetzenden Nachtheil bringen würde; auch kann sie von einer vorgängigen Sicherheitsleistung abhängig gemacht werden.

Im Uebrigen finden auf die Zwangsvollstreckung, sowie auf den Arrest und die einstweiligen Verfügungen die Vorschriften im achten Buche der Civilprozessordnung Anwendung. Die für den Beginn der Zwangsvollstreckung erforderlichen Zustellungen (§§ 671, 672 der Civilprozessordnung) sind, soweit sie nicht bereits vorher erfolgt sind, auf Antrag des Gläubigers durch das Gewerbegericht zu bewirken.

§ 645. Die Rechtskraft der Urtheile tritt vor Ablauf der für die Einlegung des zulässigen Rechtsmittels oder des zulässigen Einspruchs bestimmten Frist nicht ein. Der Eintritt der Rechtskraft wird durch rechtzeitige Einlegung des Rechtsmittels oder des Einspruchs gehemmt.

§ 646. Zeugnisse über die Rechtskraft der Urtheile sind auf Grund der Prozeßakten vom Gerichtsschreiber erster Instanz und, so lange der Rechtsstreit in einer höheren Instanz anhängig ist, von dem Gerichtsschreiber dieser Instanz zu ertheilen.

Insoweit die Ertheilung des Zeugnisses davon abhängt, daß gegen das Urtheil ein Rechtsmittel nicht eingelegt ist, genügt ein Zeugniß des Gerichtsschreibers des für das Rechtsmittel zuständigen Gerichts, daß innerhalb der Nothfrist ein Schriftsatz zum Zwecke der Terminsbestimmung nicht eingereicht sei.

§ 647. Wird die Wiedereinsetzung in den vorigen Stand oder eine Wiederaufnahme des Verfahrens beantragt, so kann das Gericht auf Antrag anordnen, daß die Zwangsvollstreckung gegen oder ohne Sicherheitsleistung einstweilen eingestellt werde oder nur gegen Sicherheitsleistung stattfinde, und daß die erfolgten Vollstreckungsmaßregeln gegen Sicherheitsleistung aufzuheben seien. Die Einstellung der Zwangsvollstreckung ohne Sicherheitsleistung ist nur zulässig, wenn glaubhaft gemacht wird, daß die Vollstreckung einen nicht zu ersetzenden Nachtheil bringen würde.

Die Entscheidung kann ohne vorgängige mündliche Verhandlung erfolgen. Eine Anfechtung des Beschlusses findet nicht statt.

§ 648. Auch ohne Antrag sind für vorläufig vollstreckbar zu erklären:

1. Urtheile, welche auf Grund eines Anerkenntnisses eine Verurtheilung aussprechen (§ 278);
2. Urtheile, welche den Eintritt der in einem bedingten Endurtheile ausgedrückten Folgen aussprechen;
3. ein zweites oder ferneres in derselben Instanz gegen dieselbe Partei zur Hauptsache erlassenes Versäumnißurtheil;
4. zc.
5. Urtheile, durch welche Arreste oder einstweilige Verfügungen aufgehoben werden;
6. Urtheile, welche die Verpflichtung zur Entrichtung von Alimenten aussprechen, soweit die Alimente für die Zeit nach der Erhebung der Klage und für das diesem Zeitpunkte vorausgehende letzte Vierteljahr zu entrichten sind.

§ 649 Nr. 2. Urtheile sind auf Antrag für vorläufig vollstreckbar zu erklären, wenn sie betreffen:

1. zc.
2. Streitigkeiten zwischen Dienstherrschaft und Gesinde, zwischen Arbeitgebern und Arbeitern hinsichtlich des Dienst- und

Arbeitsverhältnisses, sowie die im § 108 der Gewerbeordnung bezeichneten Streitigkeiten, insofern dieselben während der Dauer des Dienst-, Arbeits- oder Lehrverhältnisses entstehen.

§ 650. Urtheile sind auf Antrag für vorläufig vollstreckbar zu erklären, wenn glaubhaft gemacht wird, daß die Aussetzung der Vollstreckung dem Gläubiger einen schwer zu ersetzenden oder einen schwer zu ermittelnden Nachtheil bringen würde, oder wenn sich der Gläubiger erbietet, vor der Vollstreckung Sicherheit zu leisten.

§ 651. Wird glaubhaft gemacht, daß die Vollstreckung des Urtheils dem Schuldner einen nicht zu ersetzenden Nachtheil bringen würde, so ist in den Fällen des § 648 auf Antrag des Schuldners auszusprechen, daß dasselbe nicht vorläufig vollstreckbar sei; in den Fällen der §§ 649, 650 ist der Antrag des Gläubigers zurückzuweisen.

§ 652 Abs. 2. Das Gericht hat auf Antrag dem Schuldner nachzulassen, durch Sicherheitsleistung oder durch Hinterlegung die Vollstreckung abzuwenden, wenn nicht der Gläubiger sich erbietet, vor der Vollstreckung Sicherheit zu leisten.

§ 653. Die in den §§ 649—652 erwähnten Anträge sind vor dem Schlusse der mündlichen Verhandlung zu stellen, auf welche das Urtheil ergeht.

§ 654. Ist der Antrag, das Urtheil für vorläufig vollstreckbar zu erklären, übergangen oder ist in Fällen, in welchen ein Urtheil ohne Antrag für vorläufig vollstreckbar zu erklären ist, eine Entscheidung über die vorläufige Vollstreckbarkeit nicht erfolgt, so kommen wegen Ergänzung des Urtheils die Vorschriften des § 292 zur Anwendung.

§ 655. Die vorläufige Vollstreckbarkeit tritt mit der Verkündung eines Urtheils, welches die Entscheidung in der Hauptsache oder die Vollstreckbarkeitserklärung aufhebt oder abändert, insoweit außer Kraft, als die Aufhebung oder Abänderung erfolgt.

Soweit ein für vorläufig vollstreckbar erklärtes Urtheil aufgehoben oder abgeändert wird, ist der Kläger auf Antrag des Beklagten zur Erstattung des von diesem auf Grund des Urtheils Gezahlten oder Geleisteten zu verurtheilen.

§ 657. Wird gegen ein für vorläufig vollstreckbar erklärtes Urtheil der Einspruch oder ein Rechtsmittel eingelegt, so finden die Vorschriften des § 647 entsprechende Anwendung.

§ 659. Ist in Gemäßheit des § 652 Abs. 2 dem Schuldner nachgelassen, durch Sicherheitsleistung oder durch Hinterlegung die Vollstreckung abzuwenden, so ist gepfändetes Geld oder der Erlös gepfändeter Gegenstände zu hinterlegen.

§ 674. Die Zwangsvollstreckung erfolgt, soweit sie nicht den Gerichten zugewiesen ist, durch Gerichtsvollzieher, welche dieselbe im Auftrage des Gläubigers zu bewirken haben.

Der Gläubiger kann wegen Ertheilung des Auftrags zur Zwangsvollstreckung die Mitwirkung des Gerichtsschreibers in Anspruch nehmen. Der von dem Gerichtsschreiber beauftragte Gerichtsvollzieher gilt als von dem Gläubiger beauftragt.

§ 684. Die den Gerichten zugewiesene Anordnung von Vollstreckungshandlungen und Mitwirkung bei solchen gehört zur Zuständigkeit der Amtsgerichte als Vollstreckungsgerichte.

Als Vollstreckungsgericht ist, sofern nicht das Gesetz ein anderes Amtsgericht bezeichnet, dasjenige Amtsgericht anzusehen, in dessen Bezirke das Vollstreckungsverfahren stattfinden soll oder stattgefunden hat.

Die Entscheidungen des Vollstreckungsgerichts können ohne vorgängige mündliche Verhandlung erfolgen.

§ 697. Die Kosten der Zwangsvollstreckung fallen, soweit sie nothwendig waren (§ 87), dem Schuldner zur Last; sie sind zugleich mit dem zur Zwangsvollstreckung stehenden Anspruche beizutreiben.

Die Kosten der Zwangsvollstreckung sind dem Schuldner zu erstatten, wenn das Urtheil, aus welchem dieselbe erfolgt ist, aufgehoben wird.

§ 701. Gegen Entscheidungen, welche im Zwangsvollstreckungsverfahren ohne vorgängige mündliche Verhandlung erfolgen können, findet sofortige Beschwerde statt.

Fünfter Abschnitt. Arrest und einstweilige Verfügungen.

§ 796. Der Arrest findet zur Sicherung der Zwangsvollstreckung in das bewegliche oder unbewegliche Vermögen wegen einer Geldforderung oder wegen eines Anspruchs statt, welcher in eine Geldforderung übergehen kann.

Die Zulässigkeit des Arrestes wird dadurch nicht ausgeschlossen, daß der Anspruch ein betagter ist.

§ 797. Der dingliche Arrest findet statt, wenn zu besorgen ist, daß ohne dessen Verhängung die Vollstreckung des Urtheils vereitelt oder wesentlich erschwert werden würde.

Als ein zureichender Arrestgrund ist es anzusehen, wenn das Urtheil im Auslande vollstreckt werden müßte.

§ 798. Der persönliche Sicherheitsarrest findet nur statt, wenn er erforderlich ist, um die gefährdete Zwangsvollstreckung in das Vermögen des Schuldners zu sichern.

§ 799. Für die Anordnung des Arrestes ist sowohl das Gericht der Hauptsache als das Amtsgericht zuständig, in dessen Bezirke der mit Arrest zu belegende Gegenstand oder die in ihrer persönlichen Freiheit zu beschränkende Person sich befindet.

§ 800. Das Gesuch soll die Bezeichnung des Anspruchs unter Angabe des Geldbetrags oder des Geldwerths sowie die Bezeichnung des Arrestgrundes enthalten.

Der Anspruch und der Arrestgrund sind glaubhaft zu machen.

Das Gesuch kann vor dem Gerichtsschreiber zu Protokoll erklärt werden.

§ 801. Die Entscheidung kann ohne vorgängige mündliche Verhandlung erfolgen.

Das Gericht kann, auch wenn der Anspruch oder der Arrestgrund nicht glaubhaft gemacht ist, den Arrest anordnen, sofern wegen der dem Gegner drohenden Nachtheile eine nach freiem Ermessen zu bestimmende Sicherheit geleistet wird. Es kann die Anordnung des Arrestes von einer solchen Sicherheitsleistung abhängig machen, selbst wenn der Anspruch und der Arrestgrund glaubhaft gemacht sind.

§ 802 Abs. 1 u. 3. Die Entscheidung über das Gesuch erfolgt im Falle einer vorgängigen mündlichen Verhandlung durch Endurtheil, anderenfalls durch Beschluß.

Der Beschluß, durch welchen das Arrestgesuch zurückgewiesen oder vorgängige Sicherheitsleistung für erforderlich erklärt wird, ist dem Gegner nicht mitzutheilen.

Anm. Ueber Zustellung vgl. G. G. § 30.

§ 803. In dem Arrestbefehl ist ein Geldbetrag festzustellen, durch dessen Hinterlegung die Vollziehung des Arrestes gehemmt und der Schuldner zu dem Antrag auf Aufhebung des vollzogenen Arrestes berechtigt wird.

§ 804. Gegen den Beschluß, durch welchen ein Arrest angeordnet wird, findet Widerspruch statt.

Die widersprechende Partei hat den Gegner unter Mittheilung der Gründe, welche sie für die Aufhebung des Arrestes geltend machen will, zur mündlichen Verhandlung zu laden.

Durch Erhebung des Widerspruchs wird die Vollziehung des Arrestes nicht gehemmt.

Anm. Wegen der Ladung vgl. G. G. §§ 30 Abs. 3 u. § 33.

§ 805. Wird Widerspruch erhoben, so ist über die Rechtmäßigkeit des Arrestes durch Endurtheil zu entscheiden.

Das Gericht kann den Arrest ganz oder theilweise bestätigen, abändern oder aufheben, auch die Bestätigung, Abänderung oder Aufhebung von einer nach freiem Ermessen zu bestimmenden Sicherheitsleistung abhängig machen.

§ 806. Ist die Hauptsache nicht anhängig, so hat das Arrestgericht auf Antrag ohne vorgängige mündliche Verhandlung anzuordnen, daß die Partei, welche den Arrestbefehl erwirkt hat, binnen einer zu bestimmenden Frist Klage zu erheben habe.

Wird dieser Anordnung nicht Folge geleistet, so ist auf Antrag die Aufhebung des Arrestes durch Endurtheil auszusprechen.

§ 807. Auch nach der Bestätigung des Arrestes kann wegen veränderter Umstände, insbesondere wegen Erledigung des Arrestgrundes oder auf Grund des Erbietens zu einer nach freiem Ermessen zu bestimmenden Sicherheitsleistung die Aufhebung des Arrestes beantragt werden.

Die Entscheidung ist durch Endurtheil zu erlassen; sie erfolgt durch das Gericht, welches den Arrest angeordnet hat, und, wenn die Hauptsache anhängig ist, durch das Gericht der Hauptsache.

§ 808. Auf die Vollziehung des Arrestes finden die Vorschriften über die Zwangsvollstreckung entsprechende Anwendung, soweit nicht die nachfolgenden Paragraphen abweichende Bestimmungen enthalten.

§ 809. Arrestbefehle bedürfen der Vollstreckungsklausel nur in dem Falle, wenn nach Erlassung der Befehle eine Rechtsnachfolge auf Seiten des Gläubigers oder des Schuldners eingetreten ist.

Die Vollziehung des Arrestbefehls ist unstatthaft, wenn seit dem Tage, an welchem der Befehl verkündet oder der Partei, auf deren Gesuch derselbe erging, zugestellt ist, zwei Wochen verstrichen sind.

Die Vollziehung ist vor der Zustellung des Arrestbefehls an den Schuldner zulässig. Sie ist jedoch ohne Wirkung, wenn die Zustellung nicht innerhalb einer Woche nach der Vollziehung und vor Ablauf der für diese im vorhergehenden Absatz bestimmten Frist erfolgt.

Anm. Abs. 3 durch Gesetz vom 30. April 1886 (R.-G.-Bl. S. 130) hinzugefügt.

§ 814. Einstweilige Verfügungen in Beziehung auf den Streitgegenstand sind zulässig, wenn zu besorgen ist, daß durch eine Veränderung des bestehenden Zustandes die Verwirklichung des Rechts einer Partei vereitelt oder wesentlich erschwert werden könnte.

§ 815. Auf die Anordnung einstweiliger Verfügungen und das weitere Verfahren finden die Vorschriften über die Anordnung von Arresten und über das Arrestverfahren entsprechende Anwendung, soweit nicht die nachfolgenden Paragraphen abweichende Vorschriften enthalten.

§ 816. Für die Erlassung einstweiliger Verfügungen ist das Gericht der Hauptsache zuständig.

Die Entscheidung kann in dringenden Fällen ohne vorgängige mündliche Verhandlung erfolgen.

§ 817. Das Gericht bestimmt nach freiem Ermessen, welche Anordnungen zur Erreichung des Zweckes erforderlich sind.

Die einstweilige Verfügung kann auch in einer Sequestration sowie darin bestehen, daß dem Gegner eine Handlung geboten oder verboten, insbesondere die Veräußerung, Belastung oder Verpfändung eines Grundstücks untersagt wird.

§ 818. Nur unter besonderen Umständen kann die Aufhebung einer einstweiligen Verfügung gegen Sicherheitsleistung gestattet werden.

§ 819. Einstweilige Verfügungen sind auch zum Zwecke der Regelung eines einstweiligen Zustandes in Bezug auf ein streitiges Rechtsverhältniß zulässig, sofern diese Regelung, insbesondere bei dauernden Rechtsverhältnissen zur Abwendung wesentlicher Nachtheile oder zur Verhinderung drohender Gewalt oder aus anderen Gründen nöthig erscheint.

§ 822. In dringenden Fällen kann der Vorsitzende über die in diesem Abschnitt erwähnten Gesuche, sofern deren Erledigung eine vorgängige mündliche Verhandlung nicht erfordert, anstatt des Gerichts entscheiden.

Anhang II.

Gebührenordnung
für
Zeugen und Sachverständige.

Vom 30. Juni 1878.*)

(R.-G.-Bl. S. 173.)

§ 1. In den vor die ordentlichen Gerichte gehörigen Rechtssachen, auf welche die Civilprozeßordnung, die Strafprozeßordnung oder die Konkursordnung Anwendung findet, erhalten die Zeugen und Sachverständigen Gebühren nach Maßgabe der folgenden Bestimmungen.

§ 2. Der Zeuge erhält eine Entschädigung für die erforderliche Zeitversäumniß im Betrage von zehn Pfennig bis zu einer Mark auf jede angefangene Stunde.

Die Entschädigung ist unter Berücksichtigung des von dem Zeugen versäumten Erwerbes zu bemessen und für jeden Tag auf nicht mehr als zehn Stunden zu gewähren.

Personen, welche durch gemeine Handarbeit, Handwerksarbeit oder geringeren Gewerbebetrieb ihren Unterhalt suchen, oder sich in gleichen Verhältnissen mit solchen Personen befinden, erhalten die nach dem geringsten Satze zu bemessende Entschädigung auch dann, wenn die Versäumniß eines Erwerbes nicht stattgefunden hat.

§ 3. Der Sachverständige erhält für seine Leistungen eine Vergütung nach Maßgabe der erforderlichen Zeitversäumniß im Betrage bis zu zwei Mark auf jede angefangene Stunde.

Die Vergütung ist unter Berücksichtigung der Erwerbsverhältnisse des Sachverständigen zu bemessen und für jeden Tag auf nicht mehr als zehn Stunden zu gewähren.

Außerdem sind dem Sachverständigen die auf die Vorbereitung des Gutachtens verwendeten Kosten, sowie die für eine Untersuchung verbrauchten Stoffe und Werkzeuge zu vergüten.

§ 4. Bei schwierigen Untersuchungen und Sachprüfungen ist dem Sachverständigen auf Verlangen für die aufgetragene Leistung eine

---

*) Abs. 3 des § 14 durch Gesetz vom 11. Juni 1890 (R.-G.-Bl. S. 73) hinzugefügt.

Vergütung nach dem üblichen Preise derselben und für die außerdem stattfindende Theilnahme an Terminen die im § 3 bestimmte Vergütung zu gewähren.

§ 5. Als versäumt gilt für den Zeugen oder Sachverständigen auch die Zeit, während welcher er seine gewöhnliche Beschäftigung nicht wieder aufnehmen kann.

§ 6. Mußte der Zeuge oder Sachverständige außerhalb seines Aufenthaltsortes einen Weg bis zur Entfernung von mehr als zwei Kilometer zurücklegen, so ist ihm außer den nach §§ 2 bis 5 zu bestimmenden Beträgen eine Entschädigung für die Reise und für den durch die Abwesenheit von dem Aufenthaltsorte verursachten Aufwand nach Maßgabe der folgenden Bestimmungen zu gewähren.

§ 7. Soweit nach den persönlichen Verhältnissen des Zeugen oder Sachverständigen oder nach äußeren Umständen die Benutzung von Transportmitteln für angemessen zu erachten ist, sind als Reiseentschädigung die nach billigem Ermessen in dem einzelnen Falle erforderlichen Kosten zu gewähren. In anderen Fällen beträgt die Reiseentschädigung für jedes angefangene Kilometer des Hinweges und des Rückweges fünf Pfennig.

§ 8. Die Entschädigung für den durch Abwesenheit von dem Aufenthaltsorte verursachten Aufwand ist nach den persönlichen Verhältnissen des Zeugen oder Sachverständigen zu bemessen, soll jedoch den Betrag von fünf Mark für jeden Tag, an welchem der Zeuge oder Sachverständige abwesend gewesen ist, und von drei Mark für jedes außerhalb genommene Nachtquartier nicht überschreiten.

§ 9. Mußte der Zeuge oder Sachverständige innerhalb seines Aufenthaltsortes einen Weg bis zu einer Entfernung von mehr als zwei Kilometer zurücklegen, so ist ihm für den ganzen zurückgelegten Weg eine Reiseentschädigung nach den Vorschriften des § 7 zu gewähren.

§ 10. Konnte der Zeuge oder Sachverständige den erforderlichen Weg ohne Benutzung von Transportmitteln nicht zurücklegen, so sind die nach billigem Ermessen erforderlichen Kosten auch außer den in den §§ 6, 9 bestimmten Fällen zu gewähren.

§ 11. Abgaben für die erforderliche Benutzung eines Weges sind in jedem Falle zu erstatten.

§ 12. Bedarf der Zeuge wegen jugendlichen Alters oder wegen Gebrechen eines Begleiters, so sind die bestimmten Entschädigungen für Beide zu gewähren.

§ 13. Soweit für gewisse Arten von Sachverständigen besondere Taxvorschriften bestehen, welche an dem Orte des Gerichts, vor welches die Ladung erfolgt, und an dem Aufenthaltsorte des Sachverständigen gelten, kommen lediglich diese Vorschriften in Anwendung. Gelten solche Taxvorschriften nur an einem dieser Orte, oder gelten an demselben verschiedene Taxvorschriften, so kann der Sachverständige die Anwendung der ihm günstigeren Bestimmungen verlangen.

Dolmetscher erhalten Entschädigung als Sachverständige nach den Vorschriften dieses Gesetzes, sofern nicht ihre Leistungen zu den Pflichten eines von ihnen versehenen Amtes gehören.

§ 14. Oeffentliche Beamte erhalten Tagegelder und Erstattung von Reisekosten nach Maßgabe der für Dienstreisen geltenden Vorschriften falls sie zugezogen werden:

1. als Zeugen über Umstände, von denen sie in Ausübung ihres Amtes Kenntniß erhalten haben;
2. als Sachverständige, wenn sie aus Veranlassung ihres Amtes zugezogen werden und die Ausübung der Wissenschaft, der Kunst oder des Gewerbes, deren Kenntniß Voraussetzung der Begutachtung ist, zu den Pflichten des von ihnen versehenen Amtes gehört.

Werden nach den Vorschriften dieses Paragraphen Tagegelder und Reisekosten gewährt, so findet eine weitere Vergütung an den Zeugen oder Sachverständigen nicht statt.

Die vorstehenden Bestimmungen finden auf Personen des Soldatenstandes entsprechende Anwendung.

§ 15. Ist ein Sachverständiger für die Erstattung von Gutachten im allgemeinen beeidigt, so können die Gebühren für die bei bestimmten Gerichten vorkommenden Geschäfte durch Uebereinkommen bestimmt werden.

§ 16. Die Gebühren der Zeugen und Sachverständigen werden nur auf Verlangen derselben gewährt. Der Anspruch erlischt, wenn das Verlangen binnen drei Monaten nach Beendigung der Zuziehung oder Abgabe des Gutachtens bei dem zuständigen Gerichte nicht angebracht wird.

§ 17. Die einem Zeugen oder Sachverständigen zu gewährenden Beträge werden durch das Gericht oder den Richter, vor welchem die Verhandlung stattfindet, festgesetzt.

Sofern die Beträge aus der Staatskasse gezahlt und dieser nicht erstattet sind, kann die Festsetzung von dem Gericht oder dem Richter, durch welche sie erfolgt ist, sowie von dem Gerichte der höheren Instanz von Amtswegen berichtigt werden.

Gegen die Festsetzung findet Beschwerde nach Maßgabe der §§ 531 bis 538 der Civilprozeßordnung und des § 4 Abs. 3 des Gerichtskostengesetzes in Strafsachen nach Maßgabe der §§ 346 bis 352 der Strafprozeßordnung statt.

§ 18. Dieses Gesetz tritt im ganzen Umfange des Reichs gleichzeitig mit dem Gerichtsverfassungsgesetz in Kraft.

Urkundlich ꝛc.

Anhang III.

Entwurf zu einem Orts-Statut

unter Benutzung der Statuten einer Reihe größerer Städte.

Orts-Statut

für

. . . .

betreffend die

Errichtung eines Gewerbegerichts.

Auf Grund des Reichsgesetzes betreffend die Gewerbegerichte, vom 29. Juli 1890 (R.-G.-Bl. S. 141) wird hierdurch nach Anhörung Betheiligter unter Zustimmung der (Stadtverordneten-Versammlung) und mit Genehmigung des (Bezirksausschusses) zu . . . . . nachstehendes Orts-Statut erlassen:

§ 1.

Für den Gemeinde-Bezirk . . . . . wird vom 1. April 1891 ab ein Gewerbegericht mit dem Sitze daselbst errichtet.
(§§ 6, 7.) Die sachliche Zuständigkeit desselben erstreckt sich (gemäß § 6 des Reichsgesetzes) auf . . . . . .

Streitigkeiten derjenigen Hausgewerbetreibenden, welche die Rohstoffe oder Halbfabrikate selbst beschaffen (§ 4 Abs. 2 des Reichsgesetzes), — und zwar unter einander, wie auch mit ihren Arbeitgebern — unterliegen der Zuständigkeit des Gewerbegerichts insoweit als . . . . (Zu berücksichtigen: Art und Umfang der Industriezweige, Zahl der Arbeiter u. a.)

§ 2.

(§ 9.) Das Gewerbegericht wird in . . Kammern eingetheilt, deren jede aus einem Vorsitzenden nebst Stellvertreter und . . Beisitzern besteht. Die Vertheilung der Geschäfte erfolgt (nach Bezirken bezw. Industriezweigen) jährlich durch den Magistrat.

(§ 11.) Die Vorsitzenden und deren Stellvertreter werden vom Magistrat (bezw. von der Gemeindevertretung) auf unbestimmte Zeit ernannt.

Einem der Vorsitzenden ist die allgemeine Dienstaufsicht zu übertragen.

§ 3.

Der Magistrat überweist dem gewerblichen Schiedsgericht die erforderlichen Räumlichkeiten, sowie die nöthigen Bureau- und Schreibkräfte und Unterbeamten.

Die Stadthauptkasse führt die Kassengeschäfte des Gewerbegerichts.

Für das Hinterlegungswesen sind die landesrechtlichen Vorschriften maßgebend.

(§ 23.) Die Zustellungen werden von Gemeindebeamten bewirkt.

§ 4.

Außer den in den §§ 10, 13 des Reichsgesetzes bezeichneten Personen sollen zu Beisitzern ferner nicht berufen werden . . . . . . (Vgl. §§ 33, 34 des Gerichtsverfassungsgesetzes).

(§ 14 Abs. 2.) Hausgewerbetreibende sind als Arbeitgeber nur dann wählbar, wenn . . . . Anderenfalls gelten sie als Arbeitnehmer.

§ 5.

(§§ 12, 13.) Die Wahl der Beisitzer erfolgt auf . . . (1—6) Jahre. Alle drei Jahre scheidet ein Drittheil der Beisitzer aus den Arbeitgebern und den Arbeitern aus und wird durch neue Wahlen ersetzt, wobei Wiederwahl zulässig ist. Die das erste (und zweite) Mal Ausscheidenden werden durch das vom Vorsitzenden zu ziehende Loos bestimmt. Wer an Stelle eines vor Ablauf der Wahlperiode Ausgeschiedenen eintritt, wird für den Rest der Wahlperiode des letzteren berufen.

§ 6.

Das Reich, der Staat, die Gemeinde, juristische Personen ꝛc. üben ihr Stimmrecht durch einen ihrer gesetzlichen oder statutarischen Vertreter aus.

Von der Wahlberechtigung sind außer den in den §§ 10, 13 des Reichsgesetzes bezeichneten Personen ferner ausgeschlossen:

(vgl. § 4.)

. . . .

(§ 14 Abs. 2.) Auf die Wahlberechtigung der Hausgewerbetreibenden findet § 4 Abs. 2 Anwendung.

§ 7.

Die Wahl der Beisitzer findet unter Leitung eines Wahlausschusses innerhalb der letzten 3 Monate einer jeden
(§ 13.) Wahlperiode statt. Das Gewerbegericht — erstmals der Magistrat — bestimmt, aus wieviel Personen der Wahlausschuß bestehen soll. Vorsitzender desselben ist der Vorsitzende des Gewerbegerichts — erstmals ein Beauftragter der Stadtverordneten-Versammlung. Die Mitglieder des Wahlausschusses müssen je zur Hälfte stimmberechtigte Arbeitgeber und Arbeitnehmer sein und er wird dementsprechend je zur Hälfte von den als Mitgliedern des Gewerbegerichts thätigen Arbeitgebern und Arbeitnehmern in geheimer Wahl oder durch Akklamation — erstmals von der Stadtverordnetenversammlung — gewählt.

Der Tag der Wahl wird vom Gewerbegericht — erstmals vom Magistrat — bestimmt und ist mindestens zwei mal in dem Anzeigeblatt der städtischen Behörden bekannt zu machen, dergestalt, daß zwischen dem ersten Abdruck der Bekanntmachung und dem Wahltage eine Frist von mindestens 14 Tagen liegt.

Der Wahlakt findet in einem oder mehreren Lokalen statt. Im ersteren Falle nimmt der Wahlausschuß die Funktionen des Wahlvorstandes wahr, im letzteren Falle ernennt derselbe für jedes Wahllokal eines seiner Mitglieder zum Wahlvorsteher. Dieser wählt aus der Zahl der im betreffenden Bezirk Wahlberechtigten zwei bis vier Beisitzer, in gleicher Anzahl Arbeitgeber und Arbeitnehmer, die mit ihm zusammen den Wahlvorstand bilden.

Die an der Wahl sich Betheiligenden haben sich vor dem Wahlvorstand, insoweit diesem nicht die Wahlberechtigung bekannt ist, auf Erfordern über dieselbe auszuweisen. Zum Ausweis genügt für die Arbeitgeber ein Zeugniß der Steuerkasse (bezw. die letzte Quittung über gezahlte Gewerbesteuer), für die Arbeitnehmer ein Zeugniß ihres Arbeitgebers resp. der Polizeibehörde (des Meldeamts), durch welches bestätigt wird, daß der Arbeitnehmer hier in Arbeit steht. Formulare für diese Zeugnisse werden vom Gewerbegerichte (bzw. Magistrat) unentgeltlich verabfolgt. Der Berücksichtigung anderer, dem Wahlausschusse genügend erscheinender Legitimationen steht nichts entgegen.

(Für größere Städte dürften noch nachstehende Bestimmungen ergänzend hinzutreten können:

§ a.

(§ 13 Abs. 4.) Die Wahl der Beisitzer findet in der Zeit vom .... bis ...... nach Wahlbezirken bzw. nach gewerblichen Gruppen statt, welche ......

Der Magistrat bestimmt, wie viele Beisitzer in jedem Wahlbezirk bezw. in jeder Gruppe von den Arbeitgebern und den Arbeitnehmern zu wählen sind.

Das Wahlrecht des Arbeitgebers ist in demjenigen Bezirk auszuüben, in welchem er zur Zeit der Anmeldung zur Aufnahme in die Wählerliste (§ b) wohnt; das Wahlrecht des Arbeitnehmers in demjenigen Bezirk, in welchem er zur Zeit der Aufnahme in die Wählerliste in Arbeit steht; steht er nicht in Arbeit, in demjenigen Bezirke, in welchem er wohnt.

Der Tag und Ort der Wahlen, die Abgrenzung der Bezirke oder Gruppen und die Zahl der in den einzelnen Bezirken oder Gruppen von jeder Kategorie zu wählenden Beisitzer des Schiedsgerichts sind mindestens zweimal in den zu amtlichen Publikationen der städtischen Behörden bestimmten Blättern und durch Säulenanschlag bekannt zu machen.

§ b.

Zum Zweck der Wahlen sind für jeden Wahlbezirk vom Magistrat Listen anzulegen, in welche alle Wähler einzutragen sind, deren Stimmberechtigung unter Beifügung der erforderlichen Bescheinigungen innerhalb 10 Tagen, nachdem der Wahltermin zuerst bekannt gemacht ist, bei den vom Magistrat zu bezeichnenden Anmeldestellen mündlich oder schriftlich angemeldet ist. Bei unterlassener rechtzeitiger Anmeldung ruht das Stimmrecht. Reclamationen sind unzulässig.)

---

§ 8.

Die Erschienenen sind in zwei tabellarisch aufgestellte Listen einzutragen, deren eine für die Arbeitgeber, deren andere für die Arbeitnehmer bestimmt ist und welche in der ersten Spalte die fortlaufende Nummer der Erschienenen, in der zweiten deren Namen, in der dritten deren Berufsart und in der vierten einen Vermerk über die Legitimation enthält.

In der Liste der Arbeitnehmer ist in einer fünften Spalte der Arbeitgeber aufzuführen, für welchen der Betreffende arbeitet. Wird ein zur Wahl Erschienener vom

Wahlvorstand als nicht wahlberechtigt zurückgewiesen, so ist derselbe gleichwohl in derjenigen Liste, für welche er sich angemeldet hat, aufzuführen und der Zurückweisungsgrund dabei zu bemerken.

(Bei Aufnahme der §§ a, b entsprechend zu ändern.)

§ 9.

Die Wahlhandlung ist öffentlich und findet von . . . Uhr bis Abends . . . Uhr statt.

Das Wahlrecht ist, abgesehen von der in § 6 Abs. 1 bezeichneten Ausnahme, nur in Person und durch Stimmzettel auszuüben, welche handschriftlich oder im Wege der Vervielfältigung herzustellen sind und nicht mehr Namen enthalten dürfen, als Beisitzer in dem betreffenden Wahlakte zu wählen sind.

Die als stimmberechtigt Anerkannten haben ihre Stimmzettel verdeckt in eine der beiden Wahlurnen einzulegen, von denen eine für die Arbeitgeber, die andere für die Arbeitnehmer bestimmt ist. Die Listen sind vom Wahlvorsteher und von den Wahlbeisitzern am Schlusse zu unterschreiben; dieselben haben dabei ausdrücklich zu bezeugen, daß sich in der für die Wahl bestimmten Zeit Niemand weiter angemeldet hat.

§ 10.

Nach Ablauf der zur Abstimmung festgesetzten Zeit ist Niemand, der nicht bereits im Wahllocale gegenwärtig ist, mehr zur Wahl zuzulassen.

Es sind sodann die Stimmzettel aus den Urnen zu nehmen und zu zählen. Eine etwa hierbei sich ergebende Verschiedenheit von der festgestellten Zahl der Wähler ist nebst dem zur Aufklärung Dienlichen in das Wahlprotokoll aufzunehmen.

Sodann erfolgt die Eröffnung der Stimmzettel. Ist aus einem Stimmzettel die Person des zu Wählenden nicht deutlich zu entnehmen oder ist eine Person benannt, welche in der betreffenden Abtheilung nicht wählbar ist, so ist die für die betreffende Person abgegebene Stimme ungültig, unbeschadet der Gültigkeit der sonst auf dem Zettel befindlichen Namen.

Das Ergebniß der Stimmenzählung ist in das Wahlprotokoll aufzunehmen, welches vom Wahlvorsteher und den Beisitzern zu unterzeichnen ist und dem die Stimmzettel beizufügen sind.

Meinungsverschiedenheiten, welche im Wahlvorstand über die Stimmenberechtigung, die Wählbarkeit oder die

Gültigkeit der Stimmzettel entstehen, werden durch Stimmenmehrheit entschieden, bei Stimmengleichheit entscheidet der Wahlvorsteher. Grund und Ergebniß dieser Abstimmung sind im Protokoll zu verzeichnen.

Als gewählt sind in jeder Abtheilung Diejenigen zu betrachten, welche bis zur Erreichung der vorgeschriebenen Zahl die meisten Stimmen erhalten haben; bei Stimmengleichheit entscheidet das vom Wahlvorsteher zu ziehende Loos.

Der Wahlvorstand hat das Ergebniß der Wahl innerhalb einer Woche nach dem Wahltage dem Magistrat unter Beifügung der Protokolle und Stimmzettel einzureichen.

§ 11.

Die Gewählten sind durch den Magistrat schriftlich zur Erklärung über die Annahme aufzufordern. Erfolgt binnen 8 Tagen keine unbedingte ablehnende Erklärung, so gilt die Wahl als angenommen.

An Stelle der Ablehnenden werden Diejenigen, auf welche nach den Gewählten die meisten Stimmen gefallen sind, unter entsprechender Anwendung der Vorschrift des Absatz 1 als gewählt angesehen.

§ 12.

Der Magistrat hat nach festgestellter Wahl Namen und Wohnort des Vorsitzenden, dessen Stellvertreters und der Beisitzer des Gewerbegerichts in dem Anzeigeblatt der städtischen Behörden bekannt zu machen.

§ 13.

Die erwählten Beisitzer werden vom Magistrat unter die . . . Kammern des Gewerbegerichts möglichst gleichmäßig vertheilt.

§ 14.

Auf die eidliche Verpflichtung der Beisitzer findet § 51
(§ 20.) des Gerichtsverfassungsgesetzes entsprechende Anwendung.

§ 15.

Fällt eine der Vorbedingungen der Wählbarkeit eines Beisitzers im Laufe seiner Amtsdauer hinweg, so ist er bis zur Entscheidung über seine Enthebung vom Amte zu den Sitzungen nicht zuzuziehen.

Falls hierdurch oder aus anderen Gründen im Laufe einer Wahlperiode mehr als ein Drittel der Beisitzer einer Kategorie bei dem Gewerbegericht oder einer seiner Kammern ausscheiden, so kann der Magistrat Ersatzwahlen für den Rest der Wahlperiode anordnen, auf welche die vorhergehenden Vorschriften entsprechende Anwendung finden. Die Ersatzwahlen haben stattzufinden, wenn durch das Ausscheiden sich die Zahl der Beisitzer auf weniger als vier vermindert.

§ 16.

(§ 18.) Die Beisitzer erhalten für jede Sitzung, der sie beigewohnt haben, als Entschädigung für Zeitversäumniß vier Mark, wenn die Sitzung einen ganzen Arbeitstag in Anspruch nimmt und zwei Mark, wenn dieselbe nicht über einen halben Arbeitstag andauert. Die Entschädigungen werden in der Regel vierteljährlich, auf Wunsch auch sofort ausgezahlt. Eine Zurückweisung derselben ist unstatthaft.

§ 17.

(§ 22.) Die Beisitzer werden zu den Sitzungen vom Vorsitzenden einberufen, welcher auf eine möglichst gleichmäßige Heranziehung der Gewählten, sowie darauf zu sehen hat, daß thunlichst mindestens ein Arbeitgeber und ein Arbeitnehmer demselben oder einem ähnlichen Berufszweige angehören, wie die streitenden Parteien. Im Behinderungsfalle hat der eingeladene Beisitzer binnen 48 Stunden nach der Einberufung dem Vorsitzenden von dem Hinderniß Mittheilung zu machen.

Die Beisitzer haben jeden Wohnungswechsel binnen drei Tagen dem Vorsitzenden anzuzeigen.

§ 18.

(§ 57.) An Gerichtskosten werden nur die im Abs. 5 des § 57 des Gesetzes bezeichneten Auslagen.

§ 19.

Das Gewerbegericht hat vom . . . . bis . . . . Ferien. Dieselben sind auf das Zwangsvollstreckungsverfahren und den Lauf der Fristen ohne Einfluß. Schleunige Sachen sind im Uebrigen auch während der Ferien zu erledigen.

§ 20.

(§ 70.) Zur Abgabe von Gutachten über gewerbliche Fragen (§ 70 des Gesetzes) werden zwei Ausschüsse gebildet, der eine für die Angelegenheiten der . . . . ., der andere für die Angelegenheiten der . . . . . . Dieselben bestehen aus dem Vorsitzenden und . . . Beisitzern, von denen . . . von den Beisitzern des Gewerbegerichts aus ihrer Mitte gewählt und . . . vom Vorsitzenden bezeichnet werden.

Sachregister.

Die Zahlen bedeuten die Seiten.

V.

W.

Z.

Druck von Albert Koenig in Guben.

FSC
www.fsc.org
MIX
Papier | Fördert gute Waldnutzung
FSC® C083411

Kolibri 360 GmbH
Ferdinand-Jühlke-Straße 7
99095 Erfurt, Deutschland
produktsicherheit@kolibri360.de